하나님 나라의
권력투쟁

하나님 나라의 관점에서 본
권력 · 섭리 · 성품

월터 브루그만 지음
류의근 옮김

기독교문서선교회

기독교문서선교회(Christian Literature Crusade: 약칭 CLC)는
1941년 영국 콜체스터에서 켄 아담스에 의해 시작되었으며
국제 본부는 영국의 쉐필드에 있습니다.
국제 CLC는 59개 나라에서 180개의 본부를 두고, 약 650여 명의
선교사들이 이동도서차량 40대를 이용하여 문서 보급에 힘쓰고 있으며
이메일 주문을 통해 130여 국으로 책을 공급하고 있습니다.
한국 CLC는 청교도적 복음주의 신학과 신앙서적을 출판하는
문서선교기관으로서, 한 영혼이라도 구원되길 소망하면서
주님이 오시는 그날까지 최선을 다할 것입니다.

POWER, PROVIDENCE & PERSONALITY

Biblical Insight Into Life and Ministry

Written by
Walter Brueggemann

Translated by
Eui Geun Ryu

Copyright © 1990 by Walter Brueggemann
Originally published in English under the title as
Power, Providence and Personality:
Biblical Insight Into Life and Ministry
by Westminster/John Knox Press
Translated and used by the permission of
Westminster/John Knox Press,
100 Witherspoon Street, Louisville,
Kentucky, 40202-1396, U.S.A.
All rights reserved

Korean Edition
Copyright © 2013 by Christian Literature Crusade
Seoul, Korea

* 일러두기-본서에서 성경인용은 새번역본을 사용했다.

추/천/사

류호준 박사
백석대학교 신학대학원장, 구약학 교수

현대 구약신학자들 가운데 월터 브루그만만큼 본문을 철저하게 읽고 그 본문의 활력을 생생하게 느끼게 할 뿐 아니라 독자의 실제적 삶에 대비시켜 자극하고 도전하여 독자로 하여금 심장으로 반응하게 하는 학자는 그리 많지 않다. 그가 구약이라는 고전문헌을 파헤치는 방식은 전통적인 고고학자의 방식과는 전혀 다르다. 전통적인 고고학자들은 삽과 붓을 가지고 발굴 작업을 한다. 그들은 고대 유물들이 묻혀 있는 곳으로 추정되는 지역을 삽으로 파고 들어가다가 무엇인가 삽 끝에 걸리는 느낌이 오면 그때부터 발굴되어야 할 유물들이 손상되지 않도록 부드러운 붓으로 유물들에 묻은 흙과 먼지들을 털어내기

POWER, PROVIDENCE
& PERSONALITY
Biblical Insight Into Life and Ministry

시작한다. 그리고 세심한 붓놀림 끝에 마침내 그들은 고대 유물들을 드러내어 복원하는 데 성공한다. 그러나 아쉽게도 그것으로 끝이다. 이것이 전통적인 역사비평학자들이 본문을 다루는 방식이다.

그러나 월터 브루그만은 전통적인 역사비평의 한계를 훌쩍 뛰어넘는 도약을 시도한다. 그에게 구약의 본문은 단순히 고대유물들의 축적이 아니다. 그렇다고 다양한 전승들의 축적물만도 아니다. 그는 수사비평이라는 도구를 사용하여 본문 속으로 들어가 본문의 드러나지 않은 건축술을 적나라하게 드러낸다. 그뿐 아니라 사회 문학적 비평도구를 사용하여 그 건축물이 살아 움직이는 놀라운 광경을 독자들에게 보여주는 일에 탁월한 수완을 발휘한다. 구약본문이 일단 그의 손 안에 들어가면 언제나 숨 막히는 긴장과 갈등 그리고 절정과 반전의 드라마가 펼쳐진다. 그는 히브리 내레이터의 탁월한 문예 신학

> POWER, PROVIDENCE
> & PERSONALITY
> Biblical Insight Into Life and Ministry

적 전개 방식의 진수를 간파하여 그 내레이터의 본문을 최적의 상태로 드러내어 해석하는 본문해석의 달인이다.

본서는 그가 이미 주석 집필을 통해 연구했던 『현대성서주석−사무엘상하』(*First and Second Samuel*) 가운데 세 개의 문단을 선택하여 사울과 다윗 간의 긴박한 권력 갈등과 다윗이 왕권에 오르는 숨 막히는 과정을 "권력투쟁"과 "하나님의 섭리"와 "등장인물들의 다층적 성품"이라는 3-D 안경으로 통과시켜 수렴하여 종합적이고 총체적인 그림을 보여준다.

달리 말하자면, 브루그만은 다윗이란 인물이 그가 처해 있었던 세력 갈등이라는 긴박한 상황 속에서 수많은 변수와 핸디캡을 뚫고 왕권으로 나아가는 과정을 사회학적 관점에서 생생하게 조명하면서도, 성서의 내레이터가 은밀하게 보여주고자 하는 보이지 않는 하나님의 손길(섭리)을 신학적 관점에서 읽어내는 동시에 등장인물들의 다양하고도 다층적인 성품들을 문학적 안목으로 조명하고 있다. 사무엘서의 중요 주제인 왕권에로의 다윗의 승귀(昇貴) 내러티브를 브루그만은 사회학(권력)과 신학(섭리)과 문학(인물)의 절묘한 합성 안목으로 읽어내고 있는 것이다.

이상과 같은 월터 브루그만의 본문해석 방법론 뒤에는 그의 신학적 멘토들의 영향력이 깊게 드리우고 있음을 부인할 수 없다. 노만 고트발트의 사회학적 방법론과 차일즈의 정경비판 방법론과 자신의 유니언신학교 스승인 제임스 뮬렌버그의 수사비평 방법론이 그것이다. 그는 그가 전수 받은 본문해석 방법론들을 창의적으로 수렴하여 자신만의 색깔을 보여주는 독자적인 해석 체계를 수립하고 있다. 그것은 그가 주석과 실천이라는 일반적인 분리를 극복하고, 오히려 주석과 실천이 얼마나 서로 깊은 관계를 맺고 있는지를 보여주는 열정이다.

POWER, PROVIDENCE
& PERSONALITY
Biblical Insight Into Life and Ministry

    그는 성경 내러티브의 복합성이 천천히 그 위용과 실체를 드러내기 시작하면서부터 내레이터가 힘들여 보여주고 있는 "권력"과 "섭리"와 "성품"이 어떻게 현대의 기독교 사역에 적실성 있게 상관관계를 만들어가고 있는지를 설득력 있게 보여주고 있다.

    본문을 탁월하게 읽어내는 저자의 신선한 통찰력에 찬사를 보낸다. 옛적 말씀을 지금도 운동력이 있는 말씀으로 새롭게 독자에게 와 닿을 수 있도록 하는 저자의 학문적 공헌과 열정은 높이 평가되어야 할 것이다. 권력에 대한 인간의 과도한 집착과 투쟁 속에서도 하나님의 보이지 않는 손길이 사람들을 통해 예기치 못한 방식으로 사역하고 있다는 사실을 배우는 것만으로도 본서는 한국 교회와 교회의 삶에 큰 영향을 미치리라 확신한다.

추/천/사

김회권 박사
숭실대학교 성서신학 교수

이 책은 저자의 『현대성서주석−사무엘상하』(First and Second Samuel)의 압축본으로 불러도 될 정도로 다윗의 왕위등극사(주로 삼상 17−삼하 7장)를 권력, 섭리, 그리고 성품의 각도에서 심층 분석한 책이다. 강해의 형식을 취했지만 논리적으로 아주 잘 정돈된 논문들의 묶음이라고 볼 수 있다. 원서는 120쪽 정도의 책이지만 성경해석사의 전통과 최근 경향에 정통하지 않는 독자들은 이 책이 성취한 해석적 완성도를 가늠하기 힘들지도 모른다.

1장은 권력, 섭리, 그리고 성품의 각도에서 사무엘서를 읽어내는 시도의 의의를 설명한다.

2장은 혜성처럼 이스라엘 민중의 가슴 속에 그리고

> POWER, PROVIDENCE
> & PERSONALITY
> Biblical Insight Into Life and Ministry

이스라엘 권력 심장부에 나타난 청년 다윗의 "출세"를 다루는 사무엘상 18장을 깊이 분석한다.

3장은 다윗이 직접적인 권력투쟁적 폭력에 호소하지 않고 사울왕가를 역사의 무대로부터 퇴장시키는 다윗의 금도와 절제된 성품을 사무엘상 29장에서 심층 해부한다.

4장은 다윗의 왕위등극을 긍정적으로 옹호한 사무엘하 5-8장의 대우명제가 될 정도의 다윗왕권의 상대화, 인간화를 기도하는 사무엘하 21-24장을 심층 해석한다. 브루그만은 다윗왕권의 절대주의화를 서사신학적으로 경고하려는 사무엘서 저자의 세심한 의도를 간파하고 독자들에게 알려준다.

이 책은 거의 모든 면에서 저자의 『현대성서주석-사무엘상하』보다 훨씬 더 깊이 성경본문의 서사적 흐름과 등장인물들의 행동과 수사적 표현의 수사적 묘미를 포착해내고 있다. 이 책의 논지는 사무엘서의 척추가 되는 서사인 다윗의 왕위등극사를 자신의 왕권쟁취 야망을 스스로 충족시켜가는 영웅주의적 역사로 읽는 것을 경계하고 다윗의 도덕주의화 시도를 부드럽게 경고한다. 권력에 대한 다윗의 민감한 감수성을 인정하면서도 다윗의 왕권획득을 돕는 숱한 우발적 사건들과 등장인물들의 조연적 활약을 통해 역사하는 하나님의 섭리작용을 다윗의 왕권획득의 주동력으로 보려는 경향을 보인다. 그러나 섭리가 왕이 될 사람의 모든 결격 사유을 넘어서도 역사하는가? 아니다. 브루그만은 다윗의 성품이라는 결정적인 요소, 이스라엘 역사의 돌연변이적인 성품이야말로 그의 권력의지의 야생성을 순치시키고 하나님의 섭리를 격조 높게 수용하는 요소라고 본다. 특히 사무엘하 21-24장의 다윗왕권의 절대화 경고와 관련된 논의는 브루그만의 복합적인 성경해석의 매력 중 하나일 것이다.

이 책은 다윗의 왕위등극의 필연성을 한나의 노래로부

POWER, PROVIDENCE
& PERSONALITY
Biblical Insight Into Life and Ministry

터 시작해서 하나님의 거대한 역사변동의 틀 안에 배치하면서, 본문의 서사신학적 전개, 등장인물들의 언어 안에 내장된 수사적 기예, 등장인물들의 심층심리적 작동기제, 사회학적 변동 요소 등을 모두 고려하면서도 사무엘서를 아주 풍성한 신학저작물로 읽을 수 있는 길을 잘 보여주고 있다. 다윗의 권력의지, 그리고 매력적 성품이 그를 이스라엘의 돌연변이적 성품의 왕으로 만든 충분조건이 아니라 역사의 막후에서 은밀하게 움직이시는 역사의 주관자 하나님의 섭리가 사무엘서의 다윗의 초상의 윤곽을 틀 지워준다.

이 책의 장점 중 또 하나는 저자가 다윗의 왕위등극사에 등장하는 모든 사건들, 상황들, 그리고 어둠의 순간은 우리 현대인의 일상생활에서 언제나 친숙한 상황임을 전제하고 다윗의 인생도상에 나타나신 하나님이 동일한 섭리적 현존으로 우리의 도회지적 삶에 간여하신다는 목회적 성찰이 각 장의 마지막에 붙어있다는 점이다.

하나님 나라의
권력투쟁

하나님 나라의 관점에서 본
권력 · 섭리 · 성품

POWER, PROVIDENCE
& PERSONALITY
Biblical Insight Into Life and
Ministry

저/자/서/문

이 일련의 연구는 나의 저서『현대성서주석-사무엘 상하』(*First and Second Samuel*)의 부산물이다. 이 책은 1990년에 존 낙스 출판사(John Knox Press)의 성경해석 시리즈 (Interpretation Series)로 출판되었다. 나는 이 주석서를 정공하고 가공해서 교회의 실천에 용이하게 접근할 수 있도록 만들었다. 그리고 나는 본 연구의 3장과 4장을 각각 다음과 같은 제목으로 학술지에서 더욱 상세하게 전문적으로 논구한 바 있다. "Narrative Intentionality in I Samuel 29," *Journal for the Study of the Old Testament* 43 (1989): 21-35; "2 Samuel 21-24: An Appendix of Deconstruction?" *Catholic Biblical Quarterly* 50 (1988): 383-397.

본 연구를 준비함에 있어서 최우위를 점한 두 개의 관심사가 있었다.

첫째, 나는 "문학비평"의 일반적 범주 아래서 진행하는 보다 새로운 해석 방법에 주의를 기울였다. 이러한 방법은 교회와 사역자들에게 여전히 거의 인지되지 않고 있지만 성경 본문을 어떻게 이해할 수 있을 것인가(문학비평)와 해석 활동에서 무슨 일이 발생하는가(문학이론)에 대해서 막대한 소득을 가져다준다는 점을 나는 의심하지 않는다. 나의 『현대성서주석-사무엘상하』(*First and Second Samuel*)에서 이러한 방법은 그 초점을 "서사적 전략"에다 두는 것인데 이것은 내레이터가 성경 본문에서 무엇을 하려고 노력하고 있는가에 주목하는 것이다.

나는 성경 본문의 "서사적 전략"이 어떻게 해서 주시할 만한 가치가 있는 것인지를 보여주고자 노력했다. 왜냐하면 그렇게 함으로써 우리는 우리의 삶과 더불어 상당한 것을 만들어주는 서사적 전략에 집중할 수도 있고 서사적 전략을 비판할 수도 있기 때문이다.

둘째, 나는 성경 본문을 읽는 교회 "소비자들"이 그냥 둘러앉아서 읽기만 하는 것(결코 나쁜 것일 수 없는 일)이 아니라 일상을 기반으로 해서 수행해야 하는 과제를 가지고 있다는 점을 의식하고 있다. 하지만 교회 사역이 대체적으로 성경의 공인과 정밀 조사로부터 단절되어 있었던 것도 사실이다. 전반적으로 보면 성경은 오로지 설교에만 직접적으로 연관되어 있는 것으로 생각되고 상담, 전례, 교육, 경영 등과 같은 문제들에 대해서는 아니었다.

나는 성경과 실천 사이의 공백을 메우기 위해서 구체적 사역 과제를 지향하는 해설을 제시하려 했고 우리 사역의 불확실성 또는 극도의 확실성, 그리고 비효율성 또는 기만적 측면의 많은 부분은 성경이 우리의 모든 사역 활동에 대한 맥락과 중대 원리를 어떻게 제공하는가를 우리가 이해하지 못했기 때문이라는 점을 시사하고 싶다.

본 연구는 여러 교정과 발전의 단계를 거치면서 많은 곳에서 강의 형태로 제시되었다. 여기에 포함된 것은 다음과 같다. (강의를 최초로 제시한 본거지로서) 에덴신학교의 쉬마이첸 강좌(Schmeichen Lectures at Eden Theological Seminary), 어틀랜틱크리스천대학의 스프링클 강좌(Sprinkle Lectures at Atlantic Christian College), 버지니아 알렉산드리아에 있는 성공회신학교의 자브리스키 강좌(Zabriskie Lectures at Episcopal Seminary of Alexandria, Virginia), (세인트 폴) 루터 노스웨스턴신학교의 패스트럴 강좌(Pastoral Lectures at Luther Northwestern Theological Seminary), 퍼시픽종교대학원의 얼 강좌(Earl Lectures at Pacific School of Religion), 윌리엄주웰대학의 월터 빈스 강좌(Walter Binns Lectures at William Jewell College), 멤피스신학교의 토드 강좌(Virgil H. and Irene R. Todd Lectures at Memphis Theological Seminary).

이 모든 장소에서 나는 은혜를 받았고 멋진 대접을 받았다. 많은 초청자의 사려, 관대, 그리고 좋은 음식과 음료에 감사를 드린다. 나는 이 작은 책을 나에게 명예박사 학위를 수여해준 알렉산드리아의 성공회신학교 동료들에게 바치게 되어 기쁘다. 그중에서도 특히 나의 친구인 머레이 뉴만(Murray Newman)에게 감사한다.

이 원고는 여러 겹의 연구가 장시간 쌓여 발전된 것이다. 완성본이 가능하게 된 것은 리처드 디버트(Richard Deibert), 버드 브레이너드(Bud Brainerd), 그리고 최종적으로 도나 라그라소(Dona LaGrasso)가 번갈아 타이핑해주었기 때문이다. 라그라소 양은 나의 정리 안 된 생각과 문장들을 지금과 같은 형태로 나타나게 하는 데 쉼 없이 흔들리지 않고 지속해주어 감사하지 않을 수 없다. 끝으로 나는 데이비스 퍼킨스(Davis Perkins)에게 감사한다. 그는 웨스트민스터/존 낙스 출판사에서 본 원고를 결실 맺게 하는 새 사업을 기꺼이 맡아주고 배려하고 챙겨주었다.

이 연구가 미국의 "주류" 교회로 하여금 성경에 새롭게 참여하는 데 공헌할 수 있게 한다면 나는 기뻐하지 않을 수 없을 것이다. 성경이 우리를 양육하는 방법이 분명히 있는데도, 우리는 주의를 게을리함으로써 빈곤을 자초한다. 우리는 성경의 구절과 문장 모두 다에 다시 참여할 것이다. 아울러 나는 이 구절들을 취해서 나의 문장들로 만들어 기고하게 되어 만족한다.

월터 브루그만

하나님 나라의

권력투쟁

하나님 나라의 관점에서 본
권력 · 섭리 · 성품

POWER, PROVIDENCE
& PERSONALITY
Biblical Insight Into Life and
Ministry

역/자/서/문

교회는 현존하는 권력 배치의 후견인으로서 현 체제와 동맹 상태에 있기 때문에 예전의 상상적 행동은 이미 존재하는 것을 반복하고 재생산할 뿐이다(본서 252쪽).

이 책은 하나님 나라를 추구하는 이스라엘 역사 속에서 대권을 향해 달리는 사울과 다윗의 권력투쟁을 보여주고 그 투쟁사에서 대권 후보들과 하나님과의 상호작용을 묘사하고 대권에 개입하고 작용하며 마침내 역사의 의미와 방향을 좌우하는 하나님의 주권을 최종 메시지로 삼는다.

책 제목을 "하나님의 권력투쟁"이라고 붙인 것은 대권을 향한 사울과 다윗의 권력투쟁을 하나님의 절대 주권이 통시적으로 발휘되는 가운데서 하나님의 백성과 인물들이 하나님 나라를 공시적으로 일구어 가는 특정 시기의 권력투쟁이라고 보았기 때문이다. 역자로서, 하나님 나라의 공시성과 통시성을 동시에 고려하는 좀더 큰 시야에서 이 책을 바라보는 것이 저자가 의도하는 것을 선명하게 전달할 수 있을 것이라고 판단했다. 역자나 독자가 책을 쓴 저자보다 그 함축하는 바를 더 잘 간파할 수 있다는 것이 해석학의 기본 원리이기도 하기 때문이다.

브루그만은 사무엘상하의 세 본문을 다룬다.

구체적으로 열거하면, 대권을 향한 다윗의 부상을 다루는 사무엘상 18장, 다윗을 이스라엘 대권 자격자로서 인물 세탁을 하는 사무엘상 29장, 그리고 대권이 하나님의 은혜와 자비에 달려 있음을 역설하는 사무엘하 21-24장이다. 그는 이 텍스트들을 택해서 하나님이 역사 속으로 개입하고 참여하며 작동하는 기제를 신학적 감수성과 예술적 통찰을 가지고 서사적으로 드라마틱하게 심층적으로 해부한다. 그것이 이 책의 매우 뛰어난 강점이고 타의 모방을 불허하는 탁월성이다.

사무엘상하의 저자와 브루그만 해석 사이의 공감성은 그 깊이와 넓이가 이만저만이 아니다. 성경을 문자나 명제 기술 정도로 보아서는 이러한 이해와 해석이 나올 수 없다. 성경의 문학비평적 접근과 수사학적 분석 접근법이 가지는 가치를 이보다 더 잘 예시할 수는 없을 것 같다. 또한 성경의 무진장한 깊이가 해석 여하에 따라 어디까지 갈 수 있을지를 예단하는 것은 불가능할 것 같다.

참으로 성경은 신의 마음과 생각을 새긴 성문서이다. 우리가 그동안 성경을 얄팍한 성경해석학이나 성경신학 안에 가두어 놓았다는 점도 인정해야 할 것이다. 성경의 심해는 어느 한 전통이나 해석 방법을 절대적 기준이라 믿고 다른 다양한 가능성이 두려워서 배타적 자세를 취함으로써는 결코 항해할 수 없는 것임은 분명하다. 그것이 미혹의 영이 대체적으로 보아 아닌 한에 있어서, 영적 세계의 다양한 창조적 개방성과 해석 가능성은 사고의 권리로서 기본적으로 인정되어야 한다. 하지만 브루그만의 시각과 주석을 끝까지 밀어붙이면 성경의 문자와 기록 내용은 해체되고 마는 것이 아닌가 하는 것이 우려가 되기는 한다.

 그런데 문제는 해체되는 대신에 성경의 의미와 뜻과 교훈은 더욱더 드러난다는 점이다. 물론 왜곡도 있을 수 있다. 그러나 그것은 누구에게나 피차일반이라고 본다. 거듭, 성경에 대한 우리의 확신과 절대적 태도가 성경을 가두어 놓았던 것이 아닌가 하고 반성하게 된다. 우리가 말씀의 문자에 갇히지 않을 때 말씀은 성육신한다. 성경이 우리를 더욱 자유롭게 하고 해방하게 하는 사건이 말씀의 고단함과 짐으로 괴로워하는 모든 그리스도인에게 충만하기를 기도한다.

 그리고 나는 항상 궁금했다. 하나님은 현실 정치와 권력투쟁의 내부에서 어떻게 역사하고 움직이는지. 나는 항상 알고 싶었다. 사회적 역사적 현실 속에서 하나님의 섭리는 무엇이고 어떻게 작용하는지. 정치적 삶과 행동의 영역에서 하나님의 뜻과 인도하심과 존재 가능성은 무엇인지. 하나님의 예언이 종결된 지금으로서는 불가능한 사고방식이라고 반응할지도 모르겠으나 지상의 "정치와 권력" 그리고 천상의 "영성과 신비" 사이의 일치와 불일치는 우리에게 잃어버린 성경의 중핵 중의 중핵이요 전통 중의 전통이 아니던가? 누군가가 이 장엄하고 영광스러운 주제를 회복해야 한다고 나는 믿는다.

사무엘서의 저자는 이 점을 누구보다도 잘 알았던 것으로 보인다. 역사적 현실 속에서 하나님의 섭리와 현실 정치와 인물이 서로 어우러져서 역사를 주재하고 주관하고 다스리는 이는 오직 하나님뿐이라는 것을 역설하고 고백하고 관찰하고 기술하고 논변하는 방식은 우리가 현재 살아가고 있는, 각종 각양의 약자들이 비통하게 울부짖는 이 삶의 제반 영역 속에서 반드시 회복되어야 한다.

한국 교회의 고질적 병폐인 개인 윤리와 교회 윤리와 사회 윤리의 상호 단절은 정말 치유하기 힘든 악성 종양이다. 아직도 개인 구원에만 몰입하여 사람이 변하면 국가와 공동체가 변하게 될 것이라는 오도된 신념에서 벗어나지 못하고 있다. 나는 구령 전도의 가치와 의무를 모르는 자가 아니다. 그것이 전부 다인 양 교육받고 길러지고 달리 생각하는 것이 마비된 한국 예수인의 이데올로기를 지적하는 것이다.

사회의 지배 체제에 대한 비판적 윤리 의식과 정의감

을 거세하는 역량에서 한국 교회의 교육 제도는 한국 사회의 교육 제도를 능가할 것이다. 이 점에서 한국 신학자와 목회자의 죄는 아무리 회개해도 지나침이 없을 것이다. 이렇게 말해서 너무 송구하다. 지금도 회개를 모르기에 "회개하라 하나님의 나라가 가까이 왔다"는 예수의 일성은 개인의 죄성만을 겨냥한다. 정치 권력의 죄, 사법 권력의 죄, 검찰 권력의 죄, 입법 권력의 죄, 경제 권력의 죄, 언론 권력의 죄, 교육 권력의 죄는 전혀 안중에도 없다. 사회구조적·조직적 죄악에 대한 마비의식과 무감각은 성령 하나님이 가장 기뻐하지 않는 것 중의 하나일진대 교회 윤리와 예수인에게 있어서 그것은 단연코 관심 밖의 사안이다.

한국 예수인의 개인 윤리에의 충성은 숭고하다. 하지만 동시에 도치되어 있다. 현재 한국 사회의 지배 체제 내에서 아무리 한국 교회가 열심과 충성을 다한다 해도 지배 체제의 사악함과 죄성에 대해 도전과 저항을 하지 않는 이상 그 폴리스(polis)는 현존하는 그대로일 것이다. 한국 기독교와 교회가 악한 지배 체제에 항거하는 영성과 교육을 직접적으로 구체적으로 가르치지 않는 이상

하나님의 비통함은 그대로 남을 것이다.

한국 사회의 죄악들에 대해서 회개하고 이제 하나님의 나라가 가까이 왔으니 그 나라에 동참하라고 명할 때 어느 누가 그 사회 체제에 도전하겠는가? 교회의 예수인은 모두들 도망가고 없을 것이다. 12제자들도 도망가고 없었다. 그 선포에 호응하는 이방인인들 있으랴! 아니 도리어 이방인들이 신뢰를 더 많이 받고 있다. 이 점이 한국의 교회에는 너무나 많으나 동시에 너무나 없다. 오직 부활 신앙만이 사회의 지배 체제에 저항하는 교회 윤리를 지탱해 줄 것이다.

한국의 예수인은 역사적 사건에서 하나님이 자신의 뜻과 섭리와 목적을 어떻게 나타내고 어떻게 다스리는지를 관찰할 필요가 있다. 역사 반동의 이 시기에 한국 사회가 그 죄와 의, 충만과 비움을 하나님 앞에서 어떻게 자백하고 속죄하며 대속해야 하는지를 깊이 회개하고 정행해야 한다. 특히 오늘날의 정치 현실에서 부재하는 동시에 현존하는 야웨의 은폐된(hidden) 방식과 길을 탈은폐할(disclosed) 수 있기를 기도하고 지각하며 추구해야 한다. 사무엘서의 저자가 그 문서를 통해서 이스라엘 민족에게 다시 말하고 그들이 다시 학습하기를 기대했듯이 우리도 지금 여기의 역사적 현재에 대해서 그렇게 해야 한다.

> 하나님은 우리가 새롭게 되어 공공 권력에 영향을 미치는 소명으로 부르고 계신다는 의미에서 교회가 바로 이 의미에 활력을 불어넣어 줄 수 있다면 그때 예전은 기존의 것을 재생산하는 것이 아니라 뭔가 전혀 새로운 것을 생산하는 것이다(본서 253쪽).

2013년 9월 1일

류의근 識

CONTENTS

추천사 (류호준 박사: 백석대학교 신학대학원장)_ 5

추천사 (김회권 박사: 숭실대학교 성서신학 교수)_ 10

저자 서문 _ 15

역자 서문 _ 21

1. 세 가지 차원의 예술적 개시성 _ 31
2. 자연의 변종 _ 55
3. 폭력의 유혹: 살인죄를 피하고 거부하기 _ 111
4. 왕권 절대주의의 요구: 하나의 대안 _ 195
5. 권력, 섭리, 그리고 성품에 대한 회고 _ 261

하나님 나라의
권력투쟁

하나님 나라의 관점에서 본
권력 · 섭리 · 성품

POWER, PROVIDENCE
& PERSONALITY
Biblical Insight Into Life and
Ministry

1 세 가지 차원의 예술적 개시성

1. 서론

신학적 성경해석의 과제는 심대하게 복잡하다. 성경 본문의 주제, 초점, 조망을 식별하고 분절하기가 어렵다. 왜냐하면 우리의 인습적인 신학적 범주들은 성경 본문과 매우 협력적으로 잘 작용하지 않기 때문이다. 더욱이 성경 본문이 매우 복잡한 이유는 그 본문 속에 매개된 삶과 신앙의 경험 그 자체가 믿을 수 없을 정도로 복잡하게 얽혀 있기 때문이다. 성경이 원하는 것은 삶-경험(life-experiences)을 쉽게 우리의 논리적, 인습적인 범주에 끼워넣으려고 하는 것이 아니라 우리의 삶과 신앙에서 가장 중요하게 보이는 기묘하고도 결정적인 수렴과 상호연결을 나타내고 보여주는 것이다.

나는 이러한 비타협적 복잡성을 사무엘상과 하를 연구하는 가운데 권력과 섭리와 성품이라는 이 세 가지 주제로 명확히 분절하게 되었다. 내가 주제를 이렇게 결정한 것은 그 주제들이 다윗이라는 매력적인 실재, 숨어 있는 강력한 야웨의 임재, 그리고 다윗과 야웨가 같이 동시에 현존하는 혁명적이고 문화적인 상황을 다 같이 표현하기 때문이다. 또한 내가 여기에 나오는 복잡성을 추구하는 것은 이와 동일한 복잡성이 우리의 삶과 신앙에도 현존할 뿐 아니라 중요한 것이라고 판단하기 때문이다. 이제 세 가지 주제인 권력, 섭리, 성품이 무엇을 의미하는지를 설명하고자 한다.

1) 권력

내가 "권력"이라는 말을 사용하는 이유는 기술공학의 노골적인 힘과 무자비하고 뻔뻔스러운 이데올로기의 압력을 포함하는 사회적 힘의 흐름을 언급하기 위함이다.

이러한 이데올로기적, 기술공학적 힘이 사무엘서 내부와 그 주위에 작동하고 있는 것은 의심의 여지가 없다. 이러한 사회적 힘이 가장 명백하게 나타나는 것은 "군주제 찬성파"와 "군주제 반대파" 사이에 힘 대결을 벌이는 가운데 거론되는 왕권에 관한 논쟁에서이다. 이 세력 간의 강력한 의견 대립은 단순히 개인적 선호의 목소리가 아니라 강력하게 귀속된 이해 관계를 표현한다.

군주제 이야기가 발전함에 따라 다윗에 대한 여러 가지 도전, 사울파(사울에게 충성하려 했던 사람들)의 지속적인 권력, 남북의 계속된 논쟁, 이 모두는 정파적인 사회적 이해를 반영한다. 게다가 이러한 이해는 지리적이고 정치적인 것만이 아니다. 이것은 반드시 경제적 갈등을 위시하여 사회적 종교적 권력과 영향에 관한 논쟁을 표현한다. 하나님의 숨은 목적은 강력한 것임에 틀림없다. 하지만 그것은 결정적이기도 하고 완고한 것이기도 하며, 결코 은근한 것일 수 없는 이해들 가운데서 또 이해들을 통해서 이루어져야 한다.

이러한 요소들은 본문 그 자체에서 명확하게 드러나지 않는다. 오히려 이러한 요소들이 본문 속에 숨어 있다. 이 점이야말로 그 요소들이 지니는 힘의 일부이다.

종합적으로 말해서, 성경 연구는 이러한 문제들에 대해서 무심하다. 근자에 와서만, 특히 노만 고트발트(Norman Gottwald)의 저서[1]에서 우리는 성경에 관한 방법론적 자각에 이르렀고 이것은 성경 본문이 개개인을 대리자로 사용하지만 그 개개인보다 더 크고 강력한 사회 체제와의 관련 속에서 작동하고 있다는 것을 알아보는 데 필수적인 것이었다.

내가 "권력"이라고 부르는 것은 물론 사무엘서에서 군주제 찬반의 정치적 의견을 가리키지만 역시 토지를 소유했거나 토지 개혁을 원했던 이데올로기적 집단, 권력의 중앙집중화에 헌신한 사회 조직, 축적된 잉여가치의 관리와 관료제의 출현에 헌신한 사회조직, 그리고 단일 국가의 제사장직에 얽매인 사회조직을 가리키기도 한다. 이스라엘에서 전개된 이러한 낯설고 새로운 발전 덕분에 낡고 투박한 평등주의적이고 사회적인 의견[2]에 도전하는

---

[1] Norman Gottwald, *The Tribes of Yahweh* (Maryknoll, N.Y.: Orbis Books, 1979).

[2] 이러한 낡은 평등주의적 의견에 대한 매력적인 분석의 하나로는

막강 세력들이 출현하게 되었다.

2) 섭리

내가 뜻하는 "섭리"는 인간 대리자의 의지와 선택을 능가하면서 더 중요한 목적을 위해 은폐된 채로 인내하는 가운데 주권적으로 이루어지는 하나님의 연출이다. 야웨의 섭리적 주권이 사무엘서의 서사에서 작용하고 있고 또 내레이터의 주된 관심이라는 데는 의심의 여지가 없다. 이와 같은 섭리적 의도는 다윗이라는 인물과, 역사적 과정에서 등장하는 그의 출현과, 차츰차츰 최종적으로 이스라엘 왕위에 등극하는 과정에 그 초점을 맞추고 있다. 다윗이 왕이 되는 과정은 부분적으로는 행운의 문제이고 또 기민하게 준비하는 인간의 전략이다.

그러나 분명히 행운과 기민한 전략의 주위에 다른 목적 즉 야웨의 목적이 감돌고 있다. 이미 한나의 노래(삼

다음을 참조. Martin Cohen, "The Role of the Shilonite Priesthood in the United Monarchy of Ancient Israel," *Hebrew Union College Annual* 36 (1965): 59-98.

상 2:10)에서 왕이 예기된다. 그러고 나서 다윗에 대한 예상이 은폐되어 있다가 사무엘상 15:28과 28:17에서 진술된 신율로서 표시된다. 이 서사는 야웨의 뜻을 성취하는 하나의 사례로 보인다. 물론 이 뜻은 노골적으로 명백하게 표시되지는 않지만 서사의 여러 곳에서 표면적으로 나타난다. 칼 바르트(Karl Barth)는 영어 providence가 "provide", 즉 pro-video 와 연관되어 있다는 통찰을 보여준다. 다시 말해서 섭리는 필요로 하는 것을 "미리 본다"는 것이다.[3]

---

3 Karl Barth, *Church Dogmatics* Ⅲ/3(Edinburgh: T.& T. Clark, 1960), 3, 35. 삼상 16:3에서 서사는 다윗을 확인할 준비가 되어 있는 듯 야웨가 사무엘에게 다음과 같이 말한다. "내가 너로 하여금 보게 할 것이다." 다윗 서사의 섭리에 대해서 Gunn의 논평을 참조. David M. Gunn, *The Fate of King Saul, Journal for the Study of the Old Testament* Supp. 14(Sheffield: JSOT Press, 1980), 115-116: "다윗은 야웨의 총아이고 반면에 사울은 희생물로 나타난다. 다윗 편에서 야웨는 '섭리'이고 사울 편에서 야웨는 '운명'이다." Gunn은 내가 제안하는 것 이상으로 섭리에 대한 계도적인 개념을 가지고 있을 수 있다. 하지만 야웨의 숨은 목적이 서사가 알려주는 대로 다윗과 결연되어 있는 것은 명백하다. Polzin의 논평을 참조. Robert Polzin, *Samuel and the Deuteronomist: A Literary Study of the Deuteronomic History*, Part 1: 1 Samuel (San Francisco: Harper & Row, 1989), 269-270, n. 1.

성경학자들은 하나님의 이 숨은 돌봄에 대해서 말하는 것이 우리가 "하나님의 전능한 행위"라고 부르는 명백하고 직접적인 강제에 대해서 말하는 것보다 더욱 어렵다는 점을 발견했다.

한편으로 그것이 일어날 때 사람들이 무엇을 찾고 있는지 알기가 어렵고 또 그것이 그것인지 아닌지 분간하기가 어렵다. 왜냐하면 사람들은 모든 것을 하나님께 돌리기를 원하지 않거나 하나님의 섭리를 운이나 행운으로 환원하기를 원하지 않기 때문이다.

다른 한편으로 우리가 하나님의 숨은 돌봄을 구성하는 것이 무엇인지 안다고 생각할 때조차도 합당한 언어, 즉 초자연적이 아닌 언어, 또는 직접적이 아닌 언어, 또는 설명적이 아닌 언어를 발견하기란 어렵다. 우리는 내레이터의 식별만큼 자제되고 숙달된 언어를 발견하지 않으면 안 된다.

하지만 섭리를 말할 때 우리가 당면하는 문제가 무엇이든 간에 사무엘의 이야기에서 사울의 병증이나 다윗의 재능을 넘어서는 다른 목적이 움직이고 있음은 분명하다. 우리가 가차 없이 어떤 사람의 관리나 조작을 넘어서는 이 숨은 "유목적성"을 감히 주목하지 않는다면, 그와 같은 서사에 대한 언급은 불가능할 것이다.

3) 성품

교묘하면서도 부인할 수 없는 섭리, 그리고 현존하지만 항상 가시적이지 않는 권력의 한가운데서 우리는 사무엘서에 나오는 성품에 관해 언급해야 한다. 우리는 구약의 어느 곳에서도 사무엘, 사울, 다윗의 성품을 아브넬, 요압, 나단의 성품 묘사와 비교해서 그토록 자세하게 묘사하는 데를 찾을 수 없다. 그들의 걸출, 용기, 어리석음, 수치 그리고 충성이 하나의 모델로서 본문 속에 규정되어 있는 것을 우리는 볼 수 있다.

그러나 우리는 그 서사의 심오한 심리학적 세련화 과정을 따라가면서 자세히 읽어갈수록 다윗, 사무엘, 사울의 변형들이 있다는 것을 알게 된다. 그리하여 이러한 여러 인물의 성품은 보여지는 바와 달리 안정적이지 않으며, 오히려 유동적으로 흘러가는 문학적 스케치라는 것을 알게 된다. 이러한 유동성을 우리가 여러 원천을 가지고 있다고 말함으로써 설명하기보다는 우리가 성품을 문학적 구성으로 다루고 있다고 결론내리는 것이 훨씬 그럴듯해 보인다(그 서사의 본문이 그럴 것 같다면 아마도 모든 사람의 성품은 우리가 상상한 것 이상으로 문학적 구성이거나 제안에 가까울 것이라고 추정한다).[4]

권력, 섭리, 그리고 성품이라는 주제는 사회학, 신학, 문학과 느슨하게 상관하고 또 그에 관한 질문을 필요로 한다. 나는 이 세 가지 주제에 이끌리어 이해의 갈등에 주목하고 참여하는 **사회학**(권력), 그렇게 전면에 나서지는 않는 **신학**(섭리), 섭리를 명확히 하는 데 한 가지 이상의 전략을 사용하는 **문학**(성품)의 수렴에 관한 질문을 던지게 된다. 주제의 수렴은 우리의 해석을 위해서 또한 방법의 수렴을 필요로 한다.[5]

---

4 인격을 "세계-제조자"로 보는 나의 요약 평이 나오는 다음을 참조할 것. Walter Bruggemann, *Israel's Praise*: *Doxology Against Idolatry and Ideology* (Philadelphia: Fortress Press, 1988). 여기에는 Robert Kegan, Roy Schaffer, D. W. Winnicott의 저서에 대한 주목도 들어 있다.

5 다윗의 서사에 있는 이러한 주제의 수렴은 Flanagan이 자기 저서에서 묘사한 바와 같이 Ibn Saud의 경력에서 뚜렷한 평행을 지닌다. James W. Flanagan, *David's Social Drama*: *A Hologram*

2. 서사의 개시적 힘

사람들이 이 세 요소 모두를 동시에 언급해서 하나로 수렴시켜야 하는 일은 까다롭고 때로는 무모한 일이다. 물론 우리는 권력, 섭리, 성품의 문제를 곧바로 균형적으로 장악할 수 없을 것이다. 하지만 우리는 어떤 조망이 성경 본문(과 우리의 삶)에서 이 모든 요소들을 동시에 언급할 수 있는 기회를 가지는지를 숙고해야 한다.

우리가 초점을 권력에 맞춘다면 사회경제적 분석을 할 수 있지만 대부분의 사회적 분석은 결국 모든 것을 설명으로 처리하고 섭리에 대한 언급은 하지 않게 될 것이다.

한편, 우리가 오로지 하나님의 섭리의 뜻만을 추구한다면 부득이 신학을 받아들여야 할 것이지만 그렇다고

---

of Israel's Early Iron Age, Social World of Biblical Antiquity, 7 (Sheffield: Almond Press, 1988), 337-341. Flanagan은 요약을 위한 진술을 세 가지 주제로 조직화한다. (a) "성품의 변화" (b) "체제의 변화" (c) "종교와 변화." 이 제목들은 나의 범주, 즉 성품, 권력, 섭리와 가까운 평행을 나타낸다. Flanagan이 자신의 분석을 전개하는 절 제목을 다음과 같이 표제화하는 것은 주시할 가치가 있다. "이븐 사우드와 다윗의 유사성."

신학이 권력의 실재를 충분히 고려하는 것은 아니다.

유사한 방식으로 최근의 많은 심리학이 극도로 분석적이어서 결과적으로 인격의 결정적 이탈성을 제외한 모든 것을 논의하는 단계에 이르렀다. 역으로 심리학은 종교적 범주에 지나치게 유입되었지만 사회 권력의 실재에 대해서는 열리지 않았다.[6]

사람들이 지나치게 환원주의적 사회학, 지나치게 전면에 나서는 신학, 분석적이거나 종교적으로 낭만적인 심리학을 선택할 때 그것은 불가피하게 카드를 부정하게 사용하는 것이며 너무 많은 것을 빠뜨리게 될 것이다. 성경 본문(과 우리의 삶)에 대한 우리의 통상적 해석에서는 그러한 강조점 중 하나를 선정하고 여타의 것을 무시하는 성향을 보여주었다.

내가 사무엘서 문헌에 빠지게 된 것은 그 문헌에서 이스라엘이 어느 한 방향으로 지나치게 환원시키지도 않

---

6 "극도로 분석적이어서", "종교적 범주에 지나치게 유입되어"라는 문구는 각각 Freud와 Jung에 의해 가동된 연구와 궤적을 가리킨다. Freud의 궤적에서 문제는 아마도 Freud의 문제라기보다는 인격의 본성에 주목할 때 극도로 "과학적"이었던 Freud 계승자들의 문제일 것이다.

으면서 수렴, 긴장, 전환을 허용하는 **사회적 공적 실재의 예술적 조형**을 실천했기(발견했다, 발명했다는 말을 나는 억제하고 있다) 때문이다. 권력, 섭리, 성품을 심각하게 다루는 이스라엘의 예술적 조형은 사회적 실재의 기술적 보고임을 주장하는 서사가 아니며 대화를 통한 성품의 증언임을 주장하는 서사도 아니고 하나님의 직접적 언급임을 주장하는 서사도 아니다.

이스라엘이 자신이 선호하는 담론 방식으로 **서사**를 확정한 것은 계시의 본성과 사회적 실재의 직물에 관한 주목할 만한 결정이다.[7] 서사에 관한 이스라엘의 결정은 주로 **무엇**이 말해지는지는 **어떻게** 말해지는지에 달려 있다[8]

---

7 계시와 관련된 서사에 대해서는 기본적으로 다음을 참조. H. Richard Niebuhr, *The Meaning of Revelation* (New York: Macmillan Co., 1941). 불행하게도 Niebuhr는 그 논의를 거의 추상적으로 전개했고 성경이 계시를 생성시키는 서사를 구체적으로 다루지 않았다. 그의 분석에 나타나는 이 간격 때문에 니버는 서사의 구체성이 상당이 제거되어버린 다양한 철학적 해석의 대상으로 남게 되었다. 사회적 실재의 직물과 관련된 서사의 역할에 대해서는 다음을 참조. Hayden White, *Metahistory: The Historical Imagination in Nineteenth-Century Europe* (Baltimore: John Hopkins University Press, 1974).

8 성경 본문에서 어떻게와 무엇의 관계에 대해서는 다음을 참조.

는 실천적 각성을 반영한다. 이스라엘이 내린 이 핵심 결정은 우리에게 기묘한 수렴을 허용하는 예술적 조형에 관한 질문을 제기한다. 우리는 이 성경 본문을 심각하게 다루어감에 따라 다음과 같이 질문하게 된다. 그것은 서사라는 담론 방식이 극도의 도덕적 확실성 및 극도의 기술적 통제의 세계에서 신빙성 있게 실천될 수 있는가 하는 문제이다.[9]

이러한 서사적 세계 조형 방식은 그 자체가 기술적으로 정착된 사회적 실재를 전복하는 것이며 종교와 과학이 서로에게 전투적으로 환원주의적인 자세를 취하는 사회에서 오해되기에 너무 확실한 것이다.

Gail R. O'Day, *Revelation in the Fourth Gospel: Narrative Mode and Theological Claim* (Philadelphia: Fortress, 1986).

9 Hans Frei, *The Eclipse of Biblical Narrative* (New Haven: Yale University Press, 1974). 이 책에서 Frei는 근대적 인식론에서 서사의 "실패"의 역사를 추적했다. 계몽시대 이후의 상황에서 우리는 바야흐로 우리에게 천진하고 황당하게 보였던 이러한 인식 방식의 회복에 관한 물음을 던질 시점에 와 있다. 다음을 참조. William Placher, *Unapologetic Theology* (Louisville, KY.: Westminster/John Knox Press, 1989); Colin E. Gunton, *Enlightenment and Alienation: An Essay Towards a Trinitarian Theology* (Grand Rapids: Wm. B. Eerdmans Publishing Co., 1985).

앞으로 보게 되겠지만 나는 서사 신학 논증 쪽으로 기울어져 있다.[10] 하지만 말이 나온 김에 적고 싶은 것은 이른바 서사 신학은 흥미로운 또는 영리한 이야기들을 말해주는 구실만은 아니라는 것이다. 오히려 그것은 **그것들이 이야기이다**라는 단언이다.[11]

우리에게 요구되는 것은 이 오랜 이야기들을 전대미문의 것으로 들려주는 신기에 가까운 조예이다. 이는 하나님의 섭리가 인격 묘사에서 결정적으로 현존하는 것으로 보이게 하기 위함이고 권력이 하나님과 인간 모두에 의해서 동시에 고려되는 실재가 되게 하기 위함이며 자아가 하나님이 그 플롯의 인물로서도 충분히 현존하는

---

10 서사 신학에 대해서는 다음을 참조. George W. Stroup, *The Promise of Narrative Theology: Recovering the Gospel in the Church* (Atlanta: John Knox Press, 1982).

11 나의 판단으로는 최근에 나타나는 정경에 대한 주목(Brevard S. Childs와 James A. Sanders의 저서에서 보이는 바와 같이)은 "그것들이 이야기이다"라는 주장 이상을 넘어서서 그보다 더 많은 것을 할 수 없다. 또한 그것은 그 주장을 기반으로 해서는 단 하나밖에 없는 독점적인 해석을 고수할 수 없다. 정경은 어떤 자료의 영속적인 의미에 관한 결정이지 필수적인 해석에 관한 결정은 아니다.

이야기 속에서 드러나도록 하기 위함이다.[12]

이스라엘이 신앙에 충실하게 실재를 조형해가는 이러한 비약적 고안은 우리 시대의 다양한 환원주의에 반해서 지속할 수 있는 과감한 대안이다. 환원주의가 신학적이든 도덕적이든 또는 실재에 대한 어떤 형태의 사회적-과학적 설명이든지 말이다. 나는 이 이야기들이 어떻게 실재를 예술적 대안으로서 조형하는지를 알아보는 것이 성경 주석, 신학 교육, 사역에 중대한 함의를 가진다고 믿는다. 이로 인해서 우리는 우리의 최고의 신학, 우리의 확고한 사회적 이데올로기, 우리의 총애하는 심리학을 대신하는 대안을 사고할 수 있다.

---

12 Ezra Pound는 한때 말하기를, 소설은 "뉴스로 머무는 뉴스"라고 했다. 나의 인용은 Willimon의 것이다. William H. Willimon, "Eyewitnesses and Ministers of the Word," *Interpretation* 42 (1988): 159-160. 하나님을 "로서"(as)로 보는 문제에 대해서는 다음을 참조. Garrett Green, *Imagining God: Theology and the Religious Imagination* (San Francisco: Harper & Row, 1989), 73, 140, 이곳저곳. Green은 "로서"를 "상상력의 계사"로서 간주한다.

3. 사무엘서에서 이란게이트로

섭리, 권력, 성품을 예술적 조형에서 수렴시키는 나의 숙고는 의회의 직접 군사 원조 금지법 이후 "이란게이트", 즉 이란-콘트라 사건 또는 대이란 무기 판매 및 판매 대금 니카라과 반군(콘트라) 비밀 지원에 관한 상원 청문회가 한창일 때 이루어졌다.

나는 이 문제를 분명하게 탐구하지 않았지만 나의 연구 맥락에서 몇 가지 질문은 선명해졌다. 예컨대 우리는 어떻게 이란게이트의 부끄러움과 위험으로부터 의미를 형성하고 그러면서 우리가 정치 분야에서 써 먹는 환원주의적 설명을 피할 수 있는가? 나는 이란게이트를 유발한 요소들이 우리의 공통 경험에서 특별한 것이라고 믿지는 않지만 정말 거기서 극적으로 나타나는 것은 우리가 반복적으로 보여주는 재발 성향이라는 것이다.

이 유명한 이란게이트는 우리의 공통적, 공개적, 역사적 경험에서 인용될 수 있는 수많은 극적 수렴의 모델로서 기능한다. 우리는 이러한 극적 수렴에 대해서 그 모든 사실을 적나라하게 취재하기 위해 법정 출입 기자로서가 아니라 그 사건의 예술적 조형이 권력, 섭리, 성품의 문제에 관해서 어떻게 구현될 수 있는지를 보기 위해 신학적 해설자로서 접근한다. 처음부터 우리는 최우선적으로 다음과 같은 문제를 안고 시작했다. 즉 사무엘서의 서사적 해설 이면에 놓여져 있었음에 틀림없는 문제 말이다.

권력에 관해서, 사람들은 그것이 음모적이지 않으면서도 동시에 그와 같은 강제력을 지니는 이데올로기적 힘이 있다고 하면 의아하게 생각한다. 공산주의를 영웅적으로 반대하는 반공 이데올로기가 법치보다 더한 강제력을 가지고 있다는 것이 얼마나 기이한지를 사람들은 모른다. 기만이 선의로 사용되면 나쁜 것은 아니라는 것이 얼마나 기이한지를 사람들은 모른다. 더욱이 정부의 통치 수단들이 쉽사리 사적인 이데올로기적 개입으로 왜곡되며 경제적 이해와 정치적 이기주의에 뿌리를 박고 있다는 것을 사람들은 모른다. 이러한 강력한 이데올로기가 사울의 병리학, 요압의 냉소주의, 다윗의 무자비함을 대수롭지 않게 무디게 느끼도록 만든다.

섭리에 관해서, 우리는 감히 이란게이트에 물어본다. 그 사건 과정을 우리의 현대 관점으로는 신뢰할 수 없는 방식으로 주재하는 어떤 목적이 감돌고 있는가? 상원의원 이노우에(Inouye)의 전력이 올리버 노스(Oliver North)의 그것보다 뛰어난 것은 다행인가 아니면 섭리인가? 맥팔렌(McFarlane)이 포인덱스터(Poindexter) 장군과 달리 흡연 파이프가 없어서 전면이 드러나는 정화의 눈물을 흘리는 것은 행운인가?

더 크게 보아서, 레이건 대통령이 정치적으로 불리하게 되어 군축 협정을 맺는 쪽으로 바라게 된 것은 예기치 못한 사건이고 그가 수세에 놓이게 됨으로써 반공 이데올로기를 초월하여 군축을 고려하게 된 것은 예기치 못한 사건인가? 섭리가 권력을 뛰어넘고 성품을 길들일 수 있는가? 그리하여 우리는 하나님이 자기 자신의 것을 지켜보면서 결국 레이건에 공감을 표하여 "군축이 나의 감시 하에 이루어졌다"고 감히 말하는 어떤 거룩한 그분에 대해 말할 수 있을 것인가?

성품에 관해서, 우리는 다음과 같이 물을 수 있다. 그러한 프로메테우스적 싸움이 올리버 노스와 다니엘 이노우에 사이에 어떻게 일어났는가? 올리버 노스는 어둠과 불신과 영웅적 인물을 구체화하고 다니엘 이노우에는 눈에 띄게 영웅적이지는 않지만 굳건하고 위협적이지 않는 인물로서 워렌 루드먼(Warren Rudman)의 지지를 받는다. 루드먼은 신뢰 받는 품위를 지니고 있으면서 이데올로기 안으로 들어가지 않는 공인된 보수주의자이다.

청문회에 세워지는 인물들을 보고 사람들은 그들이 모두들 어떻게 거기에 서게 되었을까 하고 놀라워한다. 청문회에 몰려드는 인물들의 배역은 사무엘상하의 서사에 나오는 인물들의 캐스팅과 다르지 않다. 그것은 짝이 안 맞는 뜻밖의 동료들이다. 우리가 그 배역을 축하하는 사이에 케이시(Casey)가 죽고 따라서 증언을 하지 않는 것이 어떻게 그토록 잘 된 일인지를 아무도 명확하게 묻지 않았던 것이다.

나의 진술이 잠정적 성격의 것이라는 것, 물음에 대한 답이 주어지지 않았다는 것, 암시는 되었지만 밝혀지지 않고 있는 은폐성이 있다는 것에 주의하기 바란다. 사실을 너무 열심히 분해 않고 너무 많이 알지 않는 그러면서 냉소주의를 거부하는 예술적 서사에 의하는 것 말고 어떻게 이 모든 문제들을 말할 수 있을 것인가?

이러한 종류의 "서사적 과감성"이야말로 우리가 성경

처처에서 특히 사무엘서에서 가지고 있는 바로 그것이다. 이런 것들이 사무엘서 서사의 배후에 놓여 있는 것과 같은 유형의 문제, 다시 말해서 지나치게 환원주의적이어서는 안 되는 사회학의 문제, 지나치게 전면에 나서서는 안 되는 신학의 문제, 지나치게 분석적이거나 낭만적이어서는 안 되는 심리학의 문제이다.

우리의 문제에 대한 답과 서사의 성과가 직접적으로 달성되지 않을지라도 재미있고 기묘하고 완만하게 달성될 수는 있을 것이다. 우리가 이러한 예술적 본문을 읽고자 한다면 동일한 범위의 문제와 경탄 그리고 동일한 끈기와 조심성을 가지고 읽어야 한다. 우리는 이란게이트나 우리의 삶의 어떤 부분과 관련해서 신앙에 충실하게 의미를 두고자 한다면 권력, 섭리, 성품을 이렇듯 예술적으로 수렴하는 일을 필수로 요청하지 않으면 안 된다. 내가 제안하는 것은 바로 그것이다.

4. 목회적 과제

끝으로, 내가 염두에 두었던 독자들은 목회자를 포함하여 목회자 지망생, 용기는 있으나 결정하지 못한 신자, 믿으려는 의지를 가진 잠재적 신자들이다. 우리는 의회 청문회에 자주 출현하는 그런 종류의 사람들이 아니다. 또 우리는 중대한 공적 발표를 하도록 부름 받은 사람도 아니다. 호사가를 제외하면 아무도 우리가 이란게이트를 어떻게 생각하는지를 개의치 않는다.

우리에게 훨씬 더 직접적이고 일상적인 문제들은 다음과 같은 것들이다. 너무 오래 사시는 아버지, 마약에 빠져 있는 자녀, 어떻든 파경에 이른 결혼, 부도난 수표, 낮은 학점, 실패한 위원회, 잃어버린 신앙, 새로운 결심, 알 수 없는 은총, 용서를 베푸는 멋진 행동, 삶과 신앙의 일과 사역거리에 힘을 불어넣거나 파괴하는 분노 등이다.

우리에게 남겨진 일은 고통스럽지만 점진적으로 희망을 품고 다시 말하는(retelling) 것인데, 그 과정에서 우리는 생소한 수렴현상을 목격하게 될 것이다. 그러한 수렴은 우리의 이해를 초월하지만 우리가 다시 말하고 다시 주목하는 일을 가능하게 해주는 것이다.

우리는 사무엘서에 나오는 이야기들을 구경하는 방관자가 아니다. 우리가 넉넉하게 인내하면서 충분히 인정한다면 분명한 것은 우리가 그러한 이야기의 한가운데에 있다는 것이다. 즉 우리는 무자비한 힘에 떠밀려서 우리 자신의 과거의 가치를 평가하고 우리가 대담하게 하나님이라고 부르는 어떤 이를 통해서 뜻밖의 방문을 받는다.

목회적 과제는 이러한 이야기들을 잘 다루는 것이다. 그렇게 해서 그 이야기들이 우리 자신의 삶에 대해 거리를 두고 은폐로부터 벗겨내어서 대안적 삶의 조형이 되게 하고 권력의 실재, 섭리의 불가해성, 인격의 중대성이 저마다 할 말을 허락받는다. 이 할 말이 없다면 우리는 분명하게 볼 수도 극진하게 사랑할 수도 밀접하게 따를 수도 없게 된다.

물론 이러한 일반적 조망은 특정 본문에 대한 해명을 필요로 한다. 나는 특정 본문을 채택할 때 그 본문이 기술한다고 상상하지 않는다. 오히려 내레이터는 쓸모 있는 어떤 기억, 사실, 전통을 소지하고 있다. 내레이터는 (우리가 해야 하는 것과 같이) 선택을 하고 전략을 사용하며 다시 말해 수렴을 위한 전략, 드러냄을 위한 전략, 숨김을 위한 전략, 치유를 위한 전략, 변형을 위한 전략을 사용한다.

  우리의 경청은 우리가 벗겨져서 드러날 것이라는 전망을 보유하는 것만은 아니다. 진실을 말하면 우리가 들을 때마다 거기에는 바로 그 예술적 조형에 의해서 우리가 변혁될 것이라는 기회가 존재한다는 것이다.

하나님 나라의

권력투쟁

하나님 나라의 관점에서 본
권력 · 섭리 · 성품

POWER, PROVIDENCE
& PERSONALITY
Biblical Insight Into Life and
Ministry

2 자연의 변종

1. 서론

사무엘상 18장은 다섯 개의 서사적 요소로 구성되어 있다.[1] 세 개의 서사는 사울의 자녀 즉 요나단(삼상 18:1-5), 메랍(삼상 18:17-19), 미갈(삼상 18:20-28)에 관계한다. 확장된 서사로 사울과 다윗에 관한 서사(삼상 18:6-16)가 있다. 마지막 서사로 내레이터에 의해 지지된 재빠른 신학적 평결(삼상 18:29-30)이 있다. 이 다섯 개의 단편은 틀

---

1 나의 다음 논문을 참조. "Narrative Coherence and Theological Intentionality in 1 Samuel 18." 이 논문에서 나는 그 성경 본문의 비판적 분석적 문제를 더 충분하게 다루었다.

림없이 원래는 서로 연관되지 않았다. 내레이터가 그것을 취하여 이스라엘을 위해 새로운 서사적 세계로 구축했다. 그것은 한 사람 사울의 세계이고 그 한 사람의 가족, 즉 요나단, 메랍, 미갈의 세계이다. 그것은 무너진 한 사람의 세계에 관한 이야기이다.

우리는 성경학자들처럼 그 이야기가 "다윗의 부상"[2]에 관한 것이라고 가정할 수 있다. 하지만 사울은 그 이야기가 다윗에 관한 이야기라는 것을 알지 못했다. 그는 그것이 자신이 결정적 인물이었던 서사라고 생각했던 것이다. 사울은 자기 가족이 미쳐가고 있고 잘못되었으며 은혜에서 벗어나고 잔인하게 비뚤어져 가고 있다고 생각했다. 사울은 다음과 같이 물어야만 했다. 나의 가족, 왕위, 삶에 무슨 일이 일어났는가? 이 서사가 사울의 물음에 대한 답을 주고 있다.

---

2 "다윗의 부상"의 서사 및 이와 관련된 비판적 문제에 대해서 다음을 참조. Kyle McCarter, *1 Samuel*, Anchor Bible (Garden City, N.Y.: Doubleday & Co., 1980), 27-30. 현대 학계에서 비판적 문제를 논의하는 용어들은 주로 로스트에서 나온다. Leonhard Rost, *The Succession to the Throne of David*, tr. David M. Gunn (Sheffield: Almond Press, 1982).

다섯 개의 서사적 요소는 다윗이 골리앗을 물리친 직후에 무리지어 배열되었다. 사무엘상 17장 말미를 보면 다윗이 자기의 가족 관계를 답하면서 사울에게 말하고 있다(삼상 17:55-58). 18장은 돌연 놀라운 반전에서 시작한다.

2. 요나단의 유대

1) 사무엘상 18:1-5

이것은 요나단의 장면이다. 요나단은 사울 가족에서 열쇠가 되는 인물이다. 14장에서 요나단은 (벌꿀로) 이스라엘 백성의 눈을 밝게 하고 사울에 대한 충성심에 동요를 가져왔다(삼상 14:45). 그리고 본문은 요나단으로 하여금 신속하게 결정적으로 다윗에 집중토록 한다.

> 다윗이 사울과 이야기를 끝냈다. 그 뒤에 요나단은
> 다윗에게 마음이 끌려 마치 제 목숨을 아끼듯 다윗

을 아끼는 마음이 생겼다(삼상 18:1).

"끌려"(qšr)는 "결속된"(be bound to)으로 읽을 수 있고 또한 "공모하여"(conspire with)(삼상 22:8, 23)를 의미한다. 내레이터는 주의 깊게 선정된 애매한 단어 qšr을 취해서 사울을 불가피하게 위협하는 바 다윗과 요나단 사이의 긴밀한 유대를 강조한다. 다윗은 그 이야기의 영웅일 것이고 사울의 확실한 계승자는 그에게 매료된다.

"끌려"라는 말은 1절에 나오는 "사랑"('hb)이라는 말에 의해서 공명된다. 즉 "마치 제 목숨을 아끼듯 다윗을 아끼는 마음이 생겼다." "사랑"이라는 말은 정치적 헌신과 인간적 애착 그리고 충성심을 함의한다. "끌려", "사랑"이라는 말은 3절에서 통합된다. 즉 "요나단은 제 목숨을 아끼듯이 다윗을 아끼어 그와 가까운 친구로 지내기로 굳게 언약을 맺고." 우리는 요나단이 과거에 지녔던 자기 아버지에 대한 충성에서 끊어지는 순간을 지켜보고 있다.[3]

---

3 다윗 서사에 나오는 "충성"에 대해서 그리고 더 일반적으로는

"끌려"와 "사랑"과 "언약"이라는 이 삼중적 주장은 요나단이 수행하는 성례전적 구현이다. 그는 겉옷을 벗어서 다윗에게 주고 갑옷과 칼과 활과 허리띠, 즉 모든 것을 주었다(삼상 18:4). 요나단은 다윗에게 자기의 권력, 정통성, 권위, 왕위 계승권을 양도한다. 이것은 다윗의 이야기를 시작하는 데 있어 얼마나 놀라운 방법인가! 이 "아무것도 아닌 자"가 왕인 아버지와 왕자 사이에 끼어들었고, 그러자마자 요나단으로부터 잠정적인 왕권을 부여받는다.

다윗과 요나단 사이의 행동은 매우 신속하게 일어난다. 아무런 준비나 설명도 없다. 오로지 행동만이 네 구절을 채우고 있다. 배역 인물은 거의 활력을 보여주지 않는다. 등장 인물은 조각상처럼 묘사된다. 다윗은 수동적이고 요나단은 말이 없다. 아무도 말하지 않는다. 그 서사는 모든 행동이 주의 깊게 선정된 몇 개의 동사로만 나타나도록 조치한다.

다음을 참조. Katherine Doob Sakenfeld,, *Faithfulness in Action* (Philadelphia: Fortress, Press, 1985).

이 에피소드를 결론내리면서 내레이터는 사무엘상 18:5에서 다음과 같이 덧붙인다.

1. "다윗은 어떤 임무를 주어서 보내든지 맡은 일을 잘 해냈다." 다윗은 황금의 손을 가졌다. 그는 항상 승리했다.
2. 사울은 그를 장군으로 임명했다. 사울조차 다윗을 좋아했고 존경했다.
3. 온 백성과 사울의 신하들까지도 다윗을 마땅히 여겼다.

다윗은 만인과 만물을 자신에게 향하도록 만들었다. 다윗에 대한 이러한 관심이 어떻게 그토록 빠르게 일어날 수 있는지 정말 놀라운 일이다. 그것도 거의 당연하게 아무도 주도권을 행사하지 않고서 말이다. 사무엘상 17:58에서 사울은 다윗의 이름조차 모르고 있었다. 그러나 이제는 모든 사람이 이 신참을 알고 노래하고 찬양한다.

3. 노래와 지위

1) 사무엘상 18:6-16

두 번째 서사 편은 사울과 다윗의 긴장 다시 말해서 우리가 아무런 암시도 받은 적이 없는 긴장에 집중한다. 그 두 전사는 골리앗을 물리친 후 본대로 돌아가는 중이었다. 사울은 승리한 왕이고 다윗은 새로운 청년 영웅이다. 내레이터는 사울과 다윗의 긴장을 기묘하게 예기한다. 다윗은 복귀하고 여인들은 사울을 환영하러 밖으로 나왔다(삼상 18:6). 사울은 여전히 책임을 지고 있는 사람이기에 여인들은 먼저 왕을 환영해야 한다. 여인들은 다윗을 만났으면 하고 원했을지도 모르지만 사울을 만나야 한다. 의례에 따르면 그것은 필수적이다.

여인들은 노래를 부르고 있다. 그것은 고대 이스라엘에서 여인들이 하는 일이다. 미리암 이래로 여인들은 특별한 군사적 성공을 공적으로 구전한다(출 15:20-21). 여인들은 그 두 사람, 즉 왕과 영웅을 환호하는 노래를 부른다. 이스라엘 민족이 항상 하듯이 그들은 평행구를 이

용해서 노래를 부른다. 여인들이 평행구에 대해서 아는 것은 두 가지이다. 즉 사울이 먼저 언급되어야 한다는 것이고 두 번째 행은 첫 번째 행을 강화시켜야 한다는 것이다.[4]

새로운 노래는 먼저 왕을 찬양한다.

> 사울은 수천 명을 죽이고,

그러고 나서 두 번째 행이 오는데 이것이 사울을 뒤흔들었고 다윗의 미래적 우월성을 예기한 것이다.

> 다윗은 수만 명을 죽였다.

그 두 사람에 대한 충분한 기쁨과 감축이 여인들로부터 나오고 있다. 그들도 춤추고 웃고 기뻐했을 것이다.

---

4 Robert Alter, *The Art of Biblical Poetry* (New York: Basic Books, 1985). 알터의 주요 논제는 성경 평행구에서 뒷줄은 앞줄을 강화시켜야 한다는 것이다. 바로 이것이 여인들이 사울과 다윗을 노래할 때 정확하게 따랐던 패턴이다.

내레이터가 끼어들어서 우리에게 은폐된 내용을 알려 준다(삼상 18:8). 다른 어느 누구도 알아차리지 못했지만 내레이터는 그것을 알아채고 우리도 그것을 알아차리도록 한다. 사울은 예민하게 감응한다. 그는 다윗을 치하하지만 곧바로 어떤 위협을 느낀다. 사울은 말한다(누구에게? 의심의 여지 없이 내레이터에게 한 말일 것이다).

> 이제 그에게 돌아갈 것은 이 왕의 자리밖에 없겠군(왜냐하면 그는 이미 그 외의 모든 것을 가지고 있으므로)
> (삼상 18:8).

사울은 곧 시기심으로 반쯤 돈다. 사울은 16:12의 간명한 말씀 속에 담긴 통치의 약속, 즉 하나님이 다윗을 왕위에 세우실 것이라는 약속을 아직까지 직시하지 못했다. 하지만 다른 어느 누구도 못했지만, 사울만은 비록 시기로 미쳐가고 있어도 다윗에 대한 야웨의 함께하심이 자신에게 심각한 위협이라는 것을 식별했다. 성경 본문은 면밀하게 다음과 같이 덧붙인다.

> 그 날부터 사울은 다윗을 시기하고 의심하기 시작했다(삼상 18:9).

사울은 염탐했고 보고 또 보고 몰두했다. 그가 감시하면 할수록 다른 아무도 볼 수 없었던 것 또는 볼 필요가 없었던 것을 보는 것이었다.

서사는 18:10에서 거대한 도약을 취한다. 이것은 대조적인 이야기인데, 내레이터는 이것을 우리와는 공유하지만 이야기 속의 등장인물에게는 알려주지 않는다.

> 하나님이 보내신 악한 영이 사울에게 내리덮치자(삼상 18:10a).

악한 영은 사울을 치기 위해 내려왔는데 이는 하나님의 허가를 받은 일이다. 사울이 "낙담했다"고 말하고 그의 문제를 심리학으로 환원하는 것으로는 충분하지 않을 것이다. 사울이 병적으로 고통받는 것은 아무것도 없다. 다만 그는 알지 못하고 저항할 수도 없는 강력한 하나님의 실재의 돌입으로 타격을 받는다. 사울은 자신의 시기심, 두려움, 경쟁심으로 광폭해진다.

악한 영은 충동과 길들임의 악순환을 유발한다. 사울은 그 영에 의해 충동질 당한다. 다윗은 감미로운 음악으로 그 영을 달래라고 호출된다. 사울은 진정을 찾는다. 그러나 진정된 사울은 자신을 편안하게 한 음악가를 부득불 보지 않을 수 없다. 진정을 가져다주는 자는 다윗이다. 이로써 왕의 격노는 배가되는데 이 때문에 음악은 더욱 필요해진다. 격노와 음악은 끝없이 소용돌이친다. 격노가 잠시 이긴다. 다시 말해서 사울이 다윗을 보고 공격한다(삼상 18:11). 하지만 다윗은 피한다. 왜냐하면 다윗은 항상 피해 다니기 때문이다. 다윗은 사울 왕국과 가족을 피해 도망다닌다. 역으로 사울은 의지할 곳도 희망도 없다.

내레이터는 사울의 위기를 가속화한다. 사울은 다윗을 두려워한다(삼상 18:12). 왜냐하면 왕국은 이제 위험하기 때문이다. "수천, 수만"이라는 가사가 사울의 귓가에서 계속 울린다. 실로 그 노래는 사울이 죽을 때까지 불안한 귓가에서 울릴 것이다. 이제 사울은 다윗이 왕위를 원한다고 상상한다. 다윗이 그런 기미를 조금도 보여준 적이 없는데도 말이다. 사울은 자신의 헛수고를 깨닫고 있다. 이제 사울은 왕의 신분을 계속 유지하고 있어도 자신의 이상 장애가 너무 크다는 것을 알고 있다.

그러나 두려움의 참된 이유는(내레이터가 제안하는 대로) 따로 있었다.

> 주님께서 다윗과 함께 계시는 것을 안 사울은 다윗이 두려워졌다(삼상 18:12).

이것이 사울을 다루는 장에서 나오는 야웨에 대한 최초의 언급이다. "하나님"(elohîm)은 이전에 한 번 즉 악한 영이 하나님으로부터 온다(삼상 18:10)는 구절에서 언급되었다. 이와는 대조적으로 야웨라는 이름은 다윗과 관련하여 사용하기 위해 아껴둔다.

"하나님"(사울 관련 삼상 18:10)과 "야웨"(다윗 관련 삼상 18:12)라는 용어는 서사에서 다른 기능을 수행한다. "하나님"은 일반적 통칭이고 누구의 입에도 올릴 수 있다. 그리하여 주의깊게도 서사는 이 단어를 사울에게 사용하고 묘하게 "야웨"와의 접촉에서 사울을 배제한다. 이와는 대조적으로 다윗과 관련해서 사용되는 "야웨"라는 이름은 언약적 신실성이라는 이스라엘의 전통을 나타낸다. 이러한 구별을 과도하게 해서는 안 되지만 그 두 용법은 서사의 신학적 무게를 다윗의 방향으로 기울게 하는 데 결정적이다. 이러한 야웨의 언급과 관련하여 사울은 이제 강력하고도 결정적으로 수에서 밀리게 된다.

이 대담하고 인기 있는 전사는 너무 많이 볼 수 있고 권력에 너무 가까이 가 있고 대중의 눈에 너무 많이 노출되고 미디어에서 너무 많이 만날 수 있다. 사울은 이러한 다윗을 이목을 덜 끄는, 위험이 더 확실한 지역으로 보내고자 야전 사령관으로 임명한다(삼상 18:13). 이것이야말로 문제를 해결할 수 있는 길이었을 것이다. 문제의 다윗이 결코 패전하지 않는다는 점만 제외하면 말이다.

다윗은 자신의 모호한 위치를 공개적 승리로 바꾸어 놓는다(삼상 18:14-16). 다윗은 승리하고 사람들은 인정한다. 그는 안과 밖에서 앞장서서 나가고 항상 성공하며 사람들은 박수를 보낸다. 내레이터만이 다윗이 성공하는 이유를 알고 있다. 즉 야웨가 다윗과 함께 계시기 때문이다. 다윗은 큰 승리를 거두고 사울은 두려워한다(삼상 18: 15). 영어성경(RSV)은 "경외스럽다"(in awe)고 말한다. 하지만 그 말은 "전율하고(trembling) 놀라서(terrified) 두려워하는(in dread)"으로 읽는 것이 더 낫다.

두 인물 사이의 대조가 예리하고도 신속하게 뒤바뀔 수 없는 방식으로 전개된다. 우리가 지켜보는 사이에 권력자는 볼 품 없는 인물이 되고 신임장도 없는 아무 것도 아닌 사람은 만인과 만물을 휘어잡는다. 이 두 번째 서사는 다음과 같은 말로 끝을 맺는다.

> 온 이스라엘과 유다는…모두 그를 좋아하였다(삼상 18:16).

이것이 "사랑"의 두 번째 사용이다. 우리는 요나단의 사랑에서 이스라엘의 사랑으로 옮겨갔다. 8장에서 이스라엘은 자신을 이끌고 나가 전쟁에서 싸울 왕을 요구한 적이 있다(삼상 8:20). 이 왕이 바로 그이다. 내레이터는 명시적으로 말하지 않지만 이것을 우리에게 확인시켜준다.

사울은 마비된다. 사울은 참된 왕이 아니다. 그는 왕이 해야 하는 것을 할 수 없다. 그는 이끌고 나가서 전쟁에서 싸우지 않는다. 권력은 사울에게서 빠져 나간다. 권력은 다윗을 향해 움직인다. 왜냐하면 이스라엘은 그를 사랑하고 또 야웨가 그와 함께 계시기 때문이다. 여기에는 사울의 불안한 범주가 지배할 수 있는 것 그 이상의 무언가가 진행 중이다. 그러나 내레이터는 사울(또는 우리)이 해명할 수 있는지 개의치 않는다. 지금으로서는 우리가 주시하고 놀랄 준비가 되어 있는 것으로 충분하다.

4. 절망적이고 대담한 제안

1) 사무엘상 18:17-19

사울은 다윗이 더 이상 견딜 수 없는 위협이라서 제거되어야 한다고 여긴다. 사울은 파괴적 병리적 이상과 명료한 사고의 주목할 만한 결합물이다. 그는 스스로 알지 못한 채 하나님의 악한 영에 의해 충동되는 사람이다. 동시에 사울은 알면서도 자신이 내몰리는 재앙 안으로 선택해 들어간다. 하나님의 힘이 사울에게 작용하고 있지만 사울은 여전히 자기 자신만의 방식으로 다윗을 규정하고 있다. 그는 다윗에게 창을 던지고 다윗을 재배치했다. 두 번 모두 사울의 격노는 실패로 돌아갔다. 이제 사울은 더 절망적인 전략 즉 결혼 계획으로 옮겨간다. 사울은 가족을 정치적 이유로 이용하고자 한다. 그는 다윗을 죽이려고 자기 딸을 동원한다.

사울은 다윗에게 자기의 딸 메랍과 결혼할 것을 제안한다(삼상 18:17). 사울은 다윗을 사위로 맞아들이려 한다. 그 유일한 필요조건은 다윗이 "야웨의 싸움"을 싸우는 것이다. 내레이터는 우리로 하여금 사울이 말하는 것 그 이상으로 알게 한다. 내레이터는 우리를 위해 이 어둠의 의도를 신학적 수사로 번역한다. "야웨의 싸움"은 블레셋 사람과 싸우라는 언어 코드이다. "군사 지도자"의 수사법에서 "싸움"은 일반적으로 "죽게 되는 것"을 의미한다. 사울의 사위는 블레셋 사람과 싸울 운명이다. 다윗이 블레셋 사람과 어김없이 싸우게 된다면 그가 죽는 것은 확실하다. 사울은 공공 전략이 개인적 목적에 무자비하게 이바지할 것이라고 예상한다. 사울은 절망에 이르렀기 때문에 부끄러울 것이 없다. 그는 다윗에게 심하게 짓눌려 있기 때문에 자기 딸을 이용하려 한다.

그러나 이러한 절망적인 동원도 효과를 발휘하지 못할 것이다. 다윗은 특이하게도 왕 앞에서 온당한 태도로 경의를 표한다. 다윗의 적절한 처신이 그를 구한다. 즉 그는 왕의 사위가 될 자격이 없다고 말한다. 그는 사울의 제안을 정중하게 거절한다. 우리가 믿는 대로 다윗의 행동은 순수한 것이고 이로써 그는 구출된다. 다윗의 순수는 사울의 치명적 교활함과 멋진 대조를 이룬다.

여기에 나오는 사울의 전략은 나중에 다윗이 우리야에게 제안하는 방책(삼하 11)과 다르지 않다. 다윗도 역시 개인의 무자비한 목적을 위해서 공공 전략을 사용한다. 하지만 이러한 치명적 플롯조차도 특이하게도 다윗의 경우는 성공하고 사울의 경우는 실패한다. 사울은 홀로 있고 아무 것도 할 수 없다(요 15:5 참조).[5]

이 에피소드는 이상하게 돌아간다. 사울은 다윗의 거

---

5 다음을 참조. David M. Gunn, *The Fate of King Saul*, *Journal of the Study of the Old Testament* Supp. 14 (Sheffield: JSOT Press, 1980); W. Lee Humphreys, *The Tragic Vision and the Hebrew Tradition* (Philadelphia: Fortress Press, 1985), 23-66. 두 저자는 사울의 이야기가 야웨가 다윗 편에서 이미 내린 결정 앞에서 사울이 무력해지는 비극적 운명의 이야기라는 점을 역설한다.

절에 대해 아무런 반응도 하지 않는다. 사울은 다윗과 논쟁을 벌이지 않는다. 내레이터는 다만 우리에게 다윗이 거절하는 모습을 보이는 시점에 사울은 자기 딸을 다른 남자에게 주었다고 말한다(삼상 18:19). 메랍을 다른 남자에게 주고 만 것은 역사적 사실을 단순하게 반영하는 것일 수도 있다. 그러나 그 서사의 내부 논리에서 그것은 일관성 없이 변덕스러운 행동을 보여주는 사울의 불안정성을 가늠하게 해주는 것이다. 사울은 자신의 전략을 유지할 수 없다. 내레이터는 사울이 차츰 몰락해가는 것을 아무런 논평 없이 그려주고 있다.

5. 수용되는 두 번째 제안

1) 사무엘상 18:20-28

네 번째 에피소드는 삼상 18:17-19의 반복이다. 즉 다윗을 잡으려고 딸을 주려는 것이며 자원으로 활용되는 딸은 미갈이다. 이번 설명은 돌발적으로 시작된다.

> 미갈이 다윗을 사랑하였다(삼상 18:20).

    모든 사람이 다윗을 사랑한다. 요나단도 다윗을 사랑한다(삼상 18:3). 이스라엘과 유다가 다윗을 사랑한다(삼상 18:16). 지금은 미갈이 그렇다. 사울이 혼자서 고립되어 있는 것은 분명하다. 이 사람들은 사울을 사랑해야만 했던 사람들이다. 그러나 사울은 자신의 지지층이었던 사람들로부터 고립되어 있다.

    사울은 미갈이 다윗을 사랑하는 것(삼상 18:20)을 잘 된 일이라고 말한다. 다시 한 번 우리는 내레이터에 의해서 사울의 어두운 생각 속으로 끌려가게 된다. 이번에는 "야웨의 전쟁"이라는 신학적 언어 코드가 전혀 없다. 사울의 의도는 자신의 절망이 깊어질수록 뻔뻔스럽게 되어 간다. 다윗은 블레셋 사람의 손에 죽어야 한다(삼상 18:21). 미갈의 사랑은 사울에게 쓸모가 있지만 소중한 것으로 존중되지 않았다. 사울은 절망해 있었으므로 자기 딸의 사랑은 사고 팔 수 있는 상품에 지나지 않는다.

    서사는 우리에게 고조되는 최고 위험, 사울의 뻔뻔함, 다윗의 강인함을 보여주기 위해 예술적으로 복잡하게 얽

힌다. 미갈을 주기로 하는 최초의 제안(삼상 18:21) 후에 왕정 신하들이 수행한 조심스러운 협의가 있었다. 왕은 흥정은 할 수 없지만 협상은 할 수 있다. 다윗을 잡으려고 어떤 말을 다윗에게 전하도록 한다.

> 사울이 신하들에게 지시하였다. "당신들은 다윗에게 내가 다윗을 좋아한다고 말하시오…"(삼상 18:22).

사울은 한때 다윗을 좋아했으나 이제는 아니다. 사울의 기쁨은 이제 공포와 격노와 증오로 바뀌었다. 내레이터는 격노한 파괴적 힘을 해설한다. 이것은 도스토옙스키와 프로이트가 인간의 마음의 어두운 부패에 차례로 주목하기 오래 전의 일이다. 이제 사울에게는 모든 것이 쓴 맛이다.

그러나 그는 다윗에게 말하도록 지시한다. 그에게 모든 신하들이 이미 거짓이라고 알고 있는 어떤 것을 말하라는 것이다. 그리고 이어지는 평행구에서 왕의 신하, 왕의 측근도 "그를 사랑한다"고 말하라는 것이다. 이것이 18장에서 네 번째로 사용되는 "사랑"이라는 말이다. 이 경우 그것을 믿을지 우리는 알지 못한다. 아마도 사울은 신하들이 다윗에 대해 가지고 있는 사랑에 대해서 그 자신이 거짓말을 하고 있다고 생각할지 모른다. 실제로는 신하들은 사울이 생각하거나 인정하는 것 이상으로 다윗을 사랑하고 있을 수도 있다.

다시 한 번 다윗은 거절한다(삼상 18:23). 다윗은 한번 더 자신이 천하다고 주장한다. 그는 이용되지도 않을 것이고 계략에 빠지지도 않을 것이다. 다윗은 왕의 사위라는 지위에 대해서 사울 이상으로 그 역할에 대해 심각하게 생각하면서 근엄하게 말한다. 다윗은 사울보다 당당하게 왕처럼 말하고 생각하고 행동하는 듯 말을 한다. 다윗은 이렇게 다시 거절하는 셈이다.

그런데 이번에는 서사적 표현력을 가지고 사울이 완강하게 고집한다. 즉 사울은 흥정을 벌인다. 그는 중재자를 세워 마지막으로 흥정을 한다(삼상 18:25). 사울은 다윗을 계략에 빠지게 하는 방법을 알고 있다. 즉 다윗의 용기, 남자다움, 자부심에 호소하면 된다. 그에게 도전장을 내미는 것이다. 신부를 준다는 것은 거저가 아니다. 신부는 대가를 요구하는 것이고 다윗은 너무 많다고 겁을 먹을지도 모른다. 사울의 호가는 큰 위험을 감수해야 하는 블레셋 사람 100명분의 포피이다. 이런 종류의 도전이라면 다윗은 걸려들 것이다.

다윗은 그 제안이 "좋겠다"고 생각하였다(삼상 18:26). 이것은 사울이 미갈의 사랑이 "잘 된 일"이라고 여긴 것(삼상 18:20)과 같다. 다중의 평행이 존재한다. 다윗은 절망적이고 교활한 왕 못지않게 자신만의 계획을 밀고 나갔다.

다윗은 요구한 가격의 상품을 재빠르게 가져온다. 사울은 남자의 포피 100개를 요구했다. 다윗은 200개를 가져오고 위험은 했지만 아무런 상처도 입지 않았다(삼상 18:27). 다윗은 소중히 지켜지고 경비되며 보호되고 아무런 잘못도 할 수 없고 다칠 수도 없는 듯이 보였다. 어떠한 어려움도 그에게는 닥치지 않을 것이다. 그에게는 악을 두려워하는 두려움이 없을 것이다(시 23:4). 그는 자신을 사랑한 아내를 받고 왕의 사위가 된다. 이렇게 해서 다윗은 자신의 무자비한 권력가도에서 아직까지는 다른 방식으로 사울의 왕가에 침투해 들어간다.

이 결혼 서사의 마지막 부분에서 사울은 최종적으로

두 가지에 주목한다(삼상 18:28).

첫째, 사울은 야웨가 다윗과 함께 계시다는 것을 본다. 사울은 그 자신이 하나님의 악한 영에 의해 충동된다는 것을 보지 못했다. 그러나 그는 다윗의 형통에 주목하고는 신학적으로 깨어 있는 누구라도 도출할 수 있을 결론을 이끌어 내었다. 즉 야웨가 함께하시는 섭리가 움직이고 있다. "야웨가 그와 함께 하신다."

둘째, 사울은 미갈이 다윗을 사랑한다는 것을 본다. 아니면 다윗을 사랑하는 이가 이스라엘인가? 그 본문은 논란거리이다.[6] 우리는 둘 다라는 것을 안다. 즉 미갈은 다윗을 사랑한다. 이스라엘도 다윗을 사랑한다. 모든 사람이 다윗을 사랑한다. 그래서 사울은 알아차린다. 다윗은 하나님과 모든 사람의 총애를 갈수록 더 많이 받는다.

서사의 파토스는 다윗의 성공 문제가 너무 분명해서 일그러진 사울조차도 새롭게 출현하는 서사적 실재를 직

---

6 다음을 참조. McCarter, *1 Samuel*, 320-321. 맛소라 성경 본문은 "미갈이 그를 사랑한다"이다. 70인역 성경은 "이스라엘이 그를 사랑한다"이다. 두 독법 사이를 판결하는 것은 불가능하다. 어느 쪽이든 서사의 극적 전개에 충실히 봉사한다.

면하지 않을 수 없다. 다윗의 안전한 지위는 설명될 수 없는 것과 마찬가지로 피해갈 수 있는 것도 아니다.

6. 힘을 실어주는 반복적 재현

1) 사무엘상 18:29-30

18장은 사울의 삶을 길게 예술적으로 조형한 부분이다. 여인의 노래 가사 문구를 둘러싸고 요나단의 견고함, 메랍의 수동성, 미갈의 열정이 회집해 있다. 예술적 담대함으로 내레이터는 이스라엘의 삶이 좌우되는 믿을 수 없는 갈등을 스케치한다. 내레이터는 거대한 공개적 주제를 택하고 이것을 사람들이 사적으로 취하는 긴밀한 대화로 배치하는 능력을 가지고 있다.

내레이터가 활용하는 서사 편은 원래는 고립된 것이고 짝이 안 맞는 기억들이다. 그러나 내레이터는 그 모두를 모아서 부분의 합을 넘어서는 전체로 만든다. 이제는 완성된 부분의 합에 의거해서 결론이 나온다(삼상 18:29-30).

사울은 더욱더 두려워하게 된다(삼상 18:29). 그는 잘 지낼지도 모른다. 왜냐하면 그는 이제 자신이 "정사와 권세", 다시 말해서 섭리와 성품, 이 둘 다로 인해 고생하고 있다는 것을 알기 때문이다. 이 갈등에는 대화와 책략 그 이상의 무언가가 있다. 사울의 모든 행동과 의도를 중지시키고 곧장 두려움을 일으키는 데 작용하는 힘이 있다. 이 묵직한 힘은 지금 사울에게 분명히 비우호적이다.

다윗은 전과를 올린다(삼상 18:30). 실로 그 이야기는 많은 성공, 즉 요나단, 미갈, 이스라엘, 블레셋과 함께한 성공 이야기이다. 사울은 블레셋 사람의 손에 다윗이 죽을 것이라고 생각했다(삼상 18:25). 그러나 여느 때와 같이 사울은 오산을 되풀이했다. 사울이 다윗을 재배치해도 다윗이 죽지 않는 것과 같이 블레셋 사람의 위협이 있다 해도 다윗은 죽지 않는다. 다윗은 만사에 성공한다. 내레이터는 예술적으로 그 실재를 확정하고 사울은 이제 그것을 보지 않을 수 없게 된다.

마지막 절을 보면 하나의 놀라운 서사적 전환이 있다. 즉 다윗의 이름이 "극히 존귀해졌다"(exceedingly precious)는 것이다. 영어성경(RSV)은 "굉장한 평판을 얻었다" (highly esteemed)로 되어 있다. 그러나 그 이름은 명성 이상의 것이다. 그것은 보배와 같고 소중히 지켜지는 것이다. 그러나 누구에게 존귀하다는 것인가? 이 점에 대해 내레이터는 침묵한다. 요나단, 미갈, 이스라엘 사람 이외에 야웨에게도 그 이름이 존귀하다고 시사하는 것은 결코 내레이터와 상충하지 않는다. 야웨도 다윗의 이름, 즉 야웨의 진심에서 나오는 이름을 말하는 것을 사랑한다. 그러나 사울에게 그 이름은 격한 비통을 금할 수 없는 소리이다.

얼마나 놀라운 이야기인가! 그 두 사람은 기쁘게 의기양양하게 집으로 함께 돌아왔다. 사울을 비통스럽게 만들고 이스라엘의 삶의 행로를 바꾸어 놓은 것은 여인의 반복적 후렴구였을 뿐이다. 그런데 이제 사울은 영원히 다윗의 평생 원수가 되었다. 사울이 볼 수 없는 것은 그가 결국 자신을 파괴할 것이라는 점이다. 왜냐하면 다윗의 운명은 사울의 병적 격노에 굴복하지 않을 것이기 때문이다. 사울은 자기 삶의 형태와 미래를 오독했다. 사울의 다윗 축출 정책은 홀로 고립을 가져오고 결국 파괴를 가져올 것이다. 사울의 고립과 파괴는 이미 시작되었다.

일련의 단편 조각으로 보이는 이 장은 격한 전락과 보배로운 부상을 경이롭게 추적한다. 역사는 꾸준함이 아니라 일련의 힘들고 놀라운 단절이다. 이 장의 끝에 가서 사울은 꺾인다.

7. 예술적 "사실", 대담한 "해석"

사무엘상 18장에 대한 우리의 연구는 그것이 원래는 서로 아무런 상관도 없는 여러 단편들을 모아서 예술적으로 결합한 것임을 가리킨다.

사울과 다윗에 대한 6-16절, 미갈과 다윗에 대한 20-28절은 조금 상대적으로 긴 요소들로서 다윗의 놀라운 행운과 사울의 참담한 실패를 영리하고 기묘하게 구도화하는 데 동원한 접합들이다.

17-19절에 나오는 메랍의 에피소드는 20-28절의 평범한 복제물인 것 같다.

1-5절에 나오는 요나단의 에피소드는 거의 규범적인

주제화로서 서사적 구체성을 결하고 있다.

평결이 나오는 최종 구절인 29-30절은 서사적 기억이 아님은 물론이거니와 그것은 서사적 자료에서 비롯되는 평결, 즉 **신학적 평결**이다. 그것은 야웨 신앙과 다윗 신앙이 수렴하는 평결이다.

그러나 내레이터는 단순하게 보고하고 수집하지 않는다. 내레이터는 자료를 과거에 있었던 것과는 다르게 그 이상의 어떤 것으로 바꾸기 위해 형태화하고 조형화한다. 내레이터는 자료에 대해 가차없고, 주관적인 선입견을 강요하지 않는다. 하지만 얼핏 읽어서는 알아차릴 수 없을지도 모르는 은폐된 소리를 산출한다고 주장한다. 은폐된 소리가 들린다면 출현하게 되는 것은 파급력을 보여주는 세 가지 단호한 주제들이다.

첫 번째 주제는 다윗의 성공이다. 다윗은 맡는 일마다 "잘 해낸다"(삼상 18:5, 14, 15, 30). 이 중 세 가지는 싸우러 나가는 것을 특별하게 지시하고 있다. 다윗은 "앞장서서 싸움터에 나가고 이기는" 사람으로 드러난다. 마지막으로 15절은 단순한 군사적 성공만을 말하는 것이 아니라 "사울은 다윗이 큰 승리를 거두는 것을 보았다"고 주장한다는 점이다. 사울은 모든 것을 보았지만 그것을 직시하기를 원하지 않았다. 사울과 마찬가지로 우리도 역시 다윗의 운과 위용과 역동성을 인식할 것을 요구받고 있다.

두 번째 주제는 18장에 나오는 "사랑"이라는 말을 오중적으로 사용하는 데서 발견된다.

> 1절 요나단은 제 목숨을 아끼듯 다윗을 아꼈다.
> 3절 요나단은 제 목숨을 아끼듯 다윗을 아꼈다.
> 16절 온 이스라엘과 유다가 다윗을 좋아하였다.
> 20절 사울의 딸 미갈이 다윗을 사랑하였다.
> 28절 미갈이 다윗을 사랑하였다[맛소라 성경].
>   온 이스라엘이 다윗을 사랑하였다[그리스어 성경].

"사랑"은 여기서 개인적 애정과 애착뿐만 아니라 충실한 정치적 헌신까지도 표현한다. 이 주제가 이 장에서 사용되는 범위는 가장 개인적인 것에서부터 말하자면 요나단과 미갈에서부터 가장 공개적인 것 다시 말해서 "온 이스라엘과 유다"에 걸쳐 있다.

세 번째 주제는 더 밀어붙인다. 즉 "야웨가 그와 함께 계셨다"(삼상 18:14). 이러한 진술은 더 이상 보고용이 아니라 네 개의 자세한 에피소드의 모든 서사적 자료를 기반으로 해서 내레이터가 내리는 평결이다.

> 주님께서 자기를 떠나 **다윗과 함께 계시는 것을 안** 사울은, 다윗이 두려워졌다(삼상 18:12).
> 주님께서 **그와 함께 계셨기** 때문에, 어디를 가든지 그는 항상 이겼다(삼상 18:14).
> 사울은 주님께서 **다윗과 함께 계시다는** 것을 알았고…(삼상 18:28).

이 마지막 문구 "사울은 보고 알았다"는 18:15과 평행을 이룬다. 다윗의 성공을 객관적으로 진술해 놓는 것으로는 충분하지 않다. 이 서사 과정에서 패배하는 사울이 다윗의 실재를 직면하게 해야 한다. 사울은 고통을 겪게 되어 있다. 왜냐하면 자기 삶의 모든 것이 자기에 반하도록 되었기 때문이다. 우리는 다윗의 성공을 노래하는 여인의 기쁨에 동참하는 그만큼 사울의 고통에 관여하게 되어 있다.

내레이터는 완벽한 예술가이다. 왜냐하면 이 이야기의 결론이 거의 예상한 그대로 그 서사에서 나오기 때문이다. 결국 우리는 그와는 다른 어떤 결론도 나올 수 없었을 것이라는 것을 안다. 다시 말해서 사울은 왕위를 차지할 수 없다. 그것은 다른 이에게 속하는 것이다. 사울은 실패했고 내레이터에 의해서 기각된다.

이러한 서사 분석의 견지에서 나는 원래의 세 가지 주제, 즉 섭리, 권력, 성품으로 되돌아간다. 나는 특별한 해석 도식을 부과하고 싶지 않지만 세 가지 주제는 실제로 그 서사에서 강력하게 발원하는 것이다.

첫째, 다윗의 성품은 이 서사 전편을 지배한다. 다윗은 사랑받고 사랑받고 또 사랑받는다. 다윗은 어떤 잘못도 행할 수 없다. 다윗은 대체로 수동적이지만 사람들이 오해할 수 없는 것은 내레이터, 사울, 요나단, 미갈, 그리고 여인들이 다윗을 "자연의 변종"(sport of nature), 사회적 예상의 돌연변이, 다시 말해서 이해되거나 설명되거나 할 수 있는 것이 아니라 경이적인 것이라고 할 수밖에 없는 신종(novum)으로 보고 있다는 점이다. 옥스퍼드 영어 사전에는 "자연의 변종"은 "부모 가계나 유형에서 벗어난 비정상적 변형을 보여주는 식물, 동물 등에서와 같은 같은 방식으로 나타난 자발적 돌연변이, 새로운 변종"으로 되어 있다.

내가 보기에 이스라엘의 상상력에서 다윗은 정확히 그러한 "자연의 변종"이라서 이스라엘에 현존하는 기성 범주로는 이해할 수 없다. 우리는 다윗을 나딘 고디머(Nadine Gordimer)의 소설 『자연의 변종』(*A Sport of Nature*)에 나오는 힐레라(Hillela)에 비유할 수 있을지 모른다. 왜냐하면 다윗은 사람들이 그를 어느 정도 생각할 때마다 번번이 전혀 예상할 수 없는 놀라운 새것을 행하기 때문이다.[7]

---

7 "자연의 변종"이라는 어구는 이 책 제2장의 제목인데, 이는 Nadine Gordimer의 소설 『자연의 변종』에서 가져온 것이다. Nadine Gordimer, *A Sport of Nature* (New York: Alfred A. Knopf, 1987).
 Gordimer의 사용보다 훨씬 앞서 이를 Du Bois가 사용했다. W. E. B. Du Bois, *Black Folk Then and Now* (New York: Henry Holt & Co., 1939), 372. Du Bois가 이 어구를 사용한 것은 영국 식민 과두 체제의 강압 통치 아래서 아프리카인들이 보여준 "예상 밖의 능력"의 출현을 가리키기 위함이었다. 그는 다음과 같이 적는다. "현재 영국의 과두 체제는 아마도 지상에서 가장 주목할 만한 것일 게다. 그것은 부유하고 교육적이다. 또 그것은 모든 영국 계층의 삶, 그 식민성과 의존성, 심지어 외국에 대해서도 끊임없는 역량 보강을 제공함으로써 타락 상태와 근친 교배로부터 구출한다. 이 과두 체제가 민주주의를 통제하고 그 범위를 한정한다."
 "명시화되지는 않았지만 영국 통치의 대체적인 중심 논제는 영국의 지배 계급에 내재하는 능력이 그 계급 바깥에 있는 것은 전반적으로 우연적이고 **자연의 변종**이라는 확신이다. 이 깊게 자리 잡은 믿음은 지금과 같은 교육과 기회의 방법이 영국에게 능력의 다윗의 서사는 매우 강력하고 사람을 가만히 두지 않는다. 왜냐하면 다윗은 실로 고대 이스라엘의 **돌연변이** (mutation)이기 때문이다. 이스라엘은 다윗이 무엇이 될지

최대치를 공정하게 보장해주고 반면 위험의 최소치를 안전하게 보장하며 이로써 민주주의의 성장을 원천적으로 줄이고 사망에 이르게 한다고 가정하고 있다. 영국과 영국 백인의 지배에서조차도 역량의 피착취 현상은 시작하지 않았다. 오늘날에 이르러 Ramsey MacDonald 같은 사람 또는 Keir Hardie 같은 사람이 감옥, 수용소, 말 못하는 멍청함을 피해갈 수 있는 것은 대체적으로 우연적인 사태이다. 아동과 성인을 위한 광범한 교육 체제 그리고 힘과 능력을 개발하기 위해 더 많은 기회를 사람들에게 점진적으로 제공하는 기획은 하나님의 사랑하는 자녀와 많은 **운명의 변종**(sports of fate)을 위해서 마련되어 있는 바와 같이 이런 것이 때가 되면 영국 민주주의의 기반을 확대할 것이다. 더 정확하게 말해서 그런 것이 현실화해주는 것들이 있다. 즉 영국 지배 계급의 사적 이익을 위해서 현재 주로 대영제국이 통치하는 5억 인구의 복지를 비롯하여 전영역에 걸친 노동과 임금, 부와 소득, 생산과 분배를 자기 권한으로 하는 일뿐만 아니라 민주적 통제의 경계를 확장하는 일까지도 가능하게 해 줄 것이다"(영국인이든 백인이든 황색이든 갈색이든 흑색이든 사람이 이렇게 되는 가능성에 대한 신앙의 결여는 영국 민주주의의 위험이다).

Du Bois가 "자연의 변종"이라는 어구를 "운명의 변종"이라는 어구의 평행어로 사용하고 있다는 점에 유의하기 바란다. 이 두 단어는 식민 통치 근성의 엘리트주의적 가정에 반대하는 저항이라는 의미에서 냉소적으로 사용된다면 몰라도 그런 것이 아닌 한 역설적으로 사용된다. Gordimer의 용법은 Du Bois에게서 나온 것일 수 있지만 명시적 경멸의 어투로 적용되고 있지는 않다.

알지 못한다. 내레이터는 계속해서 다윗 때문에 놀란다.

다윗은 종교적 인물이든 정치적 인물이든 자기 전대의 어느 누구에 의해서도 설명될 수 있는 대상이 아니다. 그는 고대 이스라엘의 진정 새로운 존재이고 서사적 묘사 어디에서도 나타나지 않는 진정 새로운 존재다. 누군가 신학적 관심을 가지고 이러한 돌연변이 개념을 생각한다면 우리는 다윗은 하나님의 섭리의 작품이기 때문에 그토록 놀랍다고 말할 수 있을 것이다. 다윗의 삶과 인격에 대해서 통상적으로 설명할 수 있는 것 그 이상의 무언가가 작동하고 있다. 여기서 말하는 "그 이상"이라는 것은 하나님이 숨겨 놓은 섭리의 연출이다. 은폐성이 말을 하려면 예술적 조형이 필요하다.

둘째, 하지만 여기에는 다윗의 매혹적인 성품 그 이상의 것이 있다. 다시 말해서 "어떤 임무를 주어서 보내든지 잘 해냈다"(삼상 18:5)와 "떠나서 이끌고 출전했다"(삼상 18:13)에서 포착되는 **권력의 실재**가 존재한다. 17장에서와 달리 여기서 다윗은 혼자 싸우는 전사가 아니다. 그는 부대를 이끈다. 이스라엘 군대는 천천히 블레셋 군대를 쳐부수기 시작한다. 다윗은 많은 신임을 얻지만 사회적 고립 속에서 부상하지 않는다. 군수물자, 조직, 기술공학, 여론과 같은 사회적 실재들이 움직이고 있다. 이러한 실재들이 참신하게 다윗 주위에 집결한다.

우리가 주의 깊게 보면 나약한 주변부 백성인 이스라엘은 효과적인 만만치 않은 힘을 가지기 시작하고 심지어는 콧대 높은 블레셋 사람을 대항하기 시작한다. 공적 권력이 다윗을 향해 흘러들어가지 않는다면 다윗 이야기는 한때 관심을 끌었던 과거 영웅 이야기 이상은 아닐 것이다. 하지만 그것은 그 이상의 것이다. 그것은 한 사람이 어떻게 세계사 과정에서 시간과 장소 안에서 유의미한 존재로 부상하게 되는지를 보여주는 이야기이다.

셋째, 권력과 성품 역시 분명히 이 서사의 총합은 아니다. 이 서사 내내 그 서사를 통해, 그 서사 안에서, 그 서사와 함께, 그리고 그 서사 아래에서 섭리의 인지가 있고 **섭리의 명확한 표현**이 있다. 섭리는 긍정적으로 인지되기도 하고 부정적으로 인지되기도 한다. 긍정적으로는 이 숨어 있는 일관된 주장은 "야웨는 그와 함께 계셨다"는 문구에서 나타난다.

이것은 얼마나 기묘한 문구인가! 어떻게 하나님이 그

와 함께 계셨는가? 하나님이 그와 함께 계셨다는 말은 무엇을 의미하고 하나님의 현존이 어떻게 인지될 수 있는가? 야웨는 어떻게 실질적일 수 있는가? 그것이 어떻게 중요한 것일 수 있는가?

믿는 자만이 안다. 그 확증은 신학적 평결이다. 그 평결의 신빙성은 특별한 사례를 기초로 하고 거기서 나온다. 이스라엘은 "눈먼 사람이 다시 보고 다리 저는 사람이 걷고…죽은 사람이 살아난다"(눅 7:22)고 확증될 때까지 "이 사람이 메시아이다"고 결론내리지 않았다. 이스라엘의 신학적 평결은 서사적 특수성과 밀접하게 존립하고 또 의존한다.

"서사적 특수성"은 이스라엘의 사고와 성경 신학이 진행하는 방식이다. 다시 말해서 그들은 어떤 거대한 일반화에 착수하지 않고 신학적 대의를 하나의 사례를 통해서 동시적으로 형성한다. 따라서 우리의 내레이터는 하나님의 섭리에 대한 일반적 주장을 내놓는 것이 아니라 다만 하나의 성경 본문을 일거에 보여주고 이상한 일이지만 다윗이 어떻게 안전하게 보호되고 성공을 거두는지를 보여준다. 역으로, 서사는 일반적으로나 신학적으로 사울을 제거하지 않는다. 더 정확히 말하면, 서사는 사울의 인생이 곧 끝나버리는 데 대한, 아마도 자기를 스스로 파괴하는 데 대한 구체적인 많은 증거를 제공할 뿐이다.

성경의 신앙적 주장에 대한 결정적인 서사적 특수성을 나타내는 방법은 두 가지 다른 중요한 반성 영역에서 분명히 보인다.

첫째, 신약성경이 예수에 대해서 동일한 방식으로 진행한다. 서신서가 거대 주장을 하는 반면 그 주장 배후에 있는 복음서 자료는 구체적이고 특수하다. 따라서 예를 들면 누가복음 7:18-23에서 세례자 요한은 메시아의 신분에 대한 큰 질문을 제기한다. 예수의 응답은 일반적 진술이 아니라 어떤 결론을 허용하고 요구하는 특수한 행동들에 대한 열거이다.

둘째, 상당히 파생적 의미에서, 프로이트는 본질적으로 개인의 건강이 환자가 다시 참여해야 하는 서사적 기획, 즉 한번에 참여하는 하나의 에피소드라는 점, 자아가 기능에 미치지 못한다는 의미라는 점을 알게 되었다. 이 서사적 특수성은 성경의 주장과 증언으로 들어가는 데 있어 결정적인 것으로서, 특히 우리가 숙고하고 있는 서사의 주장에 들어가는 데 있어 결정적인 것이다. 우리의 경우를 볼 때 하나님의 섭리의 긍정적 확정은 방침에 따라 진술되는 것이 아니라 오히려 그 섭리의 권위가 서사에서 작용하는 대로 주시하고 지켜보도록 우리에게 허락되는 것 이외에는 없다.

부정적으로는 섭리는 사무엘상 18:10에서 인지된다. "하나님이 보내신 악한 영이 사울에게 내리덮쳤다." 이 인지는 역시 결론이지 전제가 아니다. 이러한 평결을 지지하는 자료는 사울의 냉소주의, 야만성, 불안정성 그리고 무효과성이다. 이러한 특수한 증거로 인하여 내레이터는 섭리의 실재와 그 결정성에 결론적으로 도달하지 하지 않을 수 없게 된다.

이리하여 그 서사는 "사랑받는" 다윗이라는 **인격**, "성공하는" **권력**의 실재, "하나님이 다윗과 함께 계셨다"는 **섭리**의 현존에 관한 것이 된다. 이스라엘의 삶에 관한 이러한 서사적 조형은 이 모든 주제에 관계한다. 그러나 이 위대한 주제의 주위에는 또한 더 많은 "일상적" 인간적 실재들이 작용한다. 그 서사는 자기 아버지보다 자기 친구를 더 사랑하는 아들, 지혜롭지 못한 평행구를 노래하는 여인, 아무것도 자기 편이 되어 주지 않는 길 잃은 왕, 자기 아버지가 의도한 것보다 더 많이 사랑하는 딸, 포피 할당량을 두 배로 채우는 사람, 마침내 이러한 삶의 세목으로부터 신앙을 본뜨는 내레이터에 관계한다.

하지만 **자료**에서 **평결**으로 이행해가는 내레이터의 움직임은 의무적인 것도 필수적인 것도 명백한 것도 주어진 것도 아니다. 그것은 상상으로 해석되는 것이다.[8] 달리 형태화하는 것, 달리 숨어 있는 소리, 달리 신학적으로 평결하는 것을 사고하는 것은 가능하다. 따라서 사울, 사울의 아들과 딸, 여인과 군중, 그리고 다윗을 앙상블한다고 해서 반드시 자동적으로 "하나님이 다윗과 함께 계셨다"는 결론에 도달하는 것은 아니다.

사울이 어리석거나 운이 따라 주지 않았다고 결론 내리는 것도 가능했을 것이다. 여인을 끌어들이는 다윗의

---

8 "상상적 해석"(imaginative construal)의 개념은 Kelsey에게서 취한 것이다. David H. Kelsey, *The Uses of Scripture in Recent Theology* (Philadelphia: Fortress Press, 1975). 그러나 Kelsey는 상상적 해석의 고찰을 현대적 해석에 국한한다. 나는 동일한 상상적 해석이 성경 본문 자체에 작용하고 있다고 본다. 내레이터가 작업한 그 자료는 이와 같은 특별한 조형을 반드시 필요로 한 것은 아니었지만 그 자료의 완성된 서사는 가장 상상력이 넘치는 해석자의 작품이다.

야성적인 성적 매력, 다시 말해서 야망을 가지고 정력에 이끌리는 유사한 심성의 소유자에게 자석과도 같은 그런 성적 힘에 관해 말할 수도 있었을 것이다. 여인의 환호하는 노래가 집단 흥분 상태를 일으켰거나 미디어의 조작이 다윗을 지지하는 이데올로기적 권력을 창출했다고 말하는 것도 신빙성이 있을 것이다. 그 자료는 신빙성을 띠는 이러한 결론들 중 어느 하나라도 가능하게 했을 수 있다.

나의 논지는 그 신학적 평결은 서사의 외관으로는 자명하지 않다는 점이다. 그것은 해석적 판단과 자료를 오로지 그와 같은 평결에 이르도록 형태화하는 예술적 해석을 필요로 했다. 그와 다른 있을 법한 결론은 여기서 제공되지 않는다. 제공되는 것은 바로 이 사람, 이 방법으로, 이 사람과 함께, 이 서사에 의해서이지 다른 것은 아니다. 그것도 영원히 그러하다. "성품, 권력, 섭리"라는 이 대주제는 이와 같이 예술을 연출하는 연주를 필요로 한다. 왜냐하면 그에 미치지 못하는 것이라면 왜곡과 배반이 되고 말 것이기 때문이다.

8. 서사적 해석과 재기술된 우리의 자아

나는 이 본문의 본성 그리고 이 책을 읽는 독자의 경향을 인식하고 심각하게 받아들이기 때문에 단순한 해설이나 해석학적 탐구에 그치고 싶지 않다. 나는 사역에 실제적으로 연결되는 인입선을 탐색하고 싶다.

사무엘상 18장에 관해서 나는 우리의 연구가 **목회적 배려**와 무슨 관계가 있는지를 탐구하고 싶고, 이 본문이 목회적 배려에 어떻게 유용성이 있는 것인지를, 나아가서 목회적 배려에 대한 우리의 이해를 어떻게 보다 폭넓게 조명하는지를 묻고 싶다. 나는 이 본문의 연구에서 나에게 시사된 세 가지 개념을 탐구하고 싶다.

1) 우리의 서사적 자아

목회적 돌봄은 이야기에 들어가고 승복하고 놓아버리는, 그래서 변혁을 이루는 서사적 기획이다. 이렇게 말할 때 나는 목회적 돌봄은 인간이 고쳐지는 대상이거나 해결할 수 있는 문제인 양 심리학적 기술과 분석에다 초점을 맞추는 것이 아니며 또 맞출 수도 없다는 것을 제언하고자 한다. 지난 두 세대에 걸쳐서 목회적 돌봄이 심리학의 지식에 주목함으로써 막대한 이득을 보았다는 사실은 말할 필요가 없다.

그러나 지금 우리는 매우 어려운 문제를 맞이했다. 즉 심리학을 편협하게 이용함으로써 목회적 돌봄에 대한 우리의 이해가 너무 편향적이게 되었고 그 고유한 맥락이 더 커다란 영역의 문화적 상상력에 자리하고 있음을 부인하게 되었다. 사람들이 심리학의 편향성에서 문화적 상상력의 폭넓음으로 이행하자마자 문학과 서사로 내몰리게 되었다. 달리 말하면 목회적 돌봄은 사회과학이 아니라 인문학에 속하는 일이라는 뜻이다. 결국 서사가 가지고 있는 상상, 놀이, 파토스 그리고 해방과 화해의 힘은 분석적 공식과 이론보다 훨씬 강하다. 그 이유는 개인적 사회적 실재의 변혁이 최종적으로 우리의 상상력이 먼저 변혁되는 것에 달려 있기 때문이다.[9]

---

9 상상력을 신앙의 불가해한 전체론적 길로서 보는 문제에 대해서 다음을 참조. John Henry Newman, *An Essay in Aid of a Grammar of Assent* (1870; reprint, Notre Dame, Ind.: University

프로이트가 문화 비평가라는 사실은 그렇게 충분히 자주 기억되지 않는다. 사실 그와 결별했다고 주장하는 사람들조차도 그에게서 이미 많은 것을 차용했다. 폴 리쾨르(Paul Ricoeur)가 가장 분명하게 보았지만[10] 프로이트는 마르크스와 니체와 함께 우리의 인습적인 문화적 자기 이해가 거짓이라는 것을 아는 의심의 전통을 공유한다. 프로이트는 개개인에게 편협한 초점을 맞추는 것이 아니라 사람의 인간성을 빼앗는 억압적이고 응고된 사회적 이데올로기에 대한 대안으로서 예술적 환상에 대한 필요를 이해했던 사람이다.[11]

---

of Notre Dame Press, 1979). 그리고 2차적으로 다음을 참조. John Coulson, *Religion and Imagination* (Oxford: Clarendon Press, 1981). 그린의 근사한 논고를 참조. Garrett Green, *Imagining God: Theology and the Religious Imagination* (San Francisco: Harper & Row, 1989). 그린의 논의는 극히 중대한 것으로 종교적 행위에서 새로운 것이 출현하는 데 상상력이 차지하는 역할을 우리가 이해하는 문제에 있어서 유의미한 진보를 대표할 것이다.

10 Paul Ricoeur, *Freud and Philosophy: An Essay on Interpretation* (New Haven: Yale University Press, 1970).

11 "환상"의 강력한 긍정적 중요성에 대해서 다음을 참조. Paul W. Pruyser, *The Play of the Imagination: Towards a Psychoanalysis of Culture* (New York: International Universities Press, 1983), 1983.

억압은 단순한 심리 기제가 아니고 성과 편협하게 관련을 맺는 것이 아니라 수많은 생산 소비 전략과 관련을 맺는 거대한 사회적 습관이다.[12] 따라서 프로이트가 말하는 발생적 상상적 힘은 우리의 시지푸스, 즉 힘들여 싸우는 저항자에 동의하면서 오이디푸스에서 나르시스로 이어지는 서사에 의존한다. 프로이트는 이 위대한 서사가 우리를 비추고 합법화하며 자기 지각으로 초대한다는 것을 이해했다. 실로 우리는 우리에게 유효한 문화적 범위의 건강과 병을 이해하기 위해서 이러한 고전적 서사에 주목하지 않을 수 없다.[13]

---

12 유태인에 대한 서구 부르주아 문화의 특별한 억압성에 대해서 다음을 참조. John M. Cuddihy, *The Ordeal of Civility: Freud, Marx, Levi-Strauss and the Jewish Struggle with Modernity* (New York: Basic Books, 1974). 또한 다음을 참조. Norbert Elias, *The Civilizing Process*, vol. 2: *Power and Civility* (New York: Pantheon Books, 1982).

13 Bruno Bettelheim, *The Uses of Enchantment: The Meaning and Importance of Fairy Tale* (New York: Random House, Vintage Books, 1977). 이 책은 "요정 이야기"가 어떻게 아동의 건강에 본질적인지, 요정 이야기가 없으면 어떻게 상상력이 질식하고 건강이 나빠지게 되는지를 보여준다. 요정 이야기가 아동에게 작용하는 것과 같은 동일한 논리로 "고전적 서사"가 어른에게 작용한다. 우리는 무엇이 "고전적"인지에 대해 엄격할 필요는 없지만 Tracy의

목회적 돌봄과 상담의 최근 역사는 육중한 신학적 권위로부터 숨을 쉴 수 있는 공간을 확보할 필요성 때문에 부득이 심리학에 주의를 기울였다.[14] 이러한 이동은 이루어질 필요가 있었고 결정적으로 이루어졌다. 지금에 와서 우리는 매우 어려운 위기에 봉착해 있다. 즉 우리는 심리학적 분석에서 서사적 변혁으로 옮겨가고 있는 중이다. 찰스 저킨(Charles Gerkin)은 그 면에서 최대 성공을 거두었으나 다만 크게 옮겨갔다는 인상만 줄 뿐이다.[15]

일반적 논의를 살펴볼 필요는 있다. David Tracy, *The Analogical Imagination* (New York: Crossroad Publishing Co., 1981).

14 Thomas C. Oden, *Care of Souls in the Classic Tradition* (Philadelphia: Fortress Press, 1984). 이 책에서 Oden은 목회적 배려에 관한 참고 문헌의 전환에 주의함으로써 목회적 배려에서 일어난 이러한 주목할 만한 갑작스러운 발전을 추적했다. Oden은 고전적 신학 문헌에서 현대 심리학으로의 이동을 부정적 이동으로 간주한다. 나도 마찬가지이다. 하지만 나는 그러한 이동이 문제의 특수한 문화적 맥락에서 필요한 것이었다고 판단한다.

15 Charles V. Gerkin, *Widening the Horizons: Pastoral Responses to a Fragmented Society* (Philadelphia: Westminster Press, 1986). 이보다 먼저 나온 책에서 Gerkin은 흥미롭게도 "사료"를 지향하는 방향으로 옮겨간다. 다음을 참조. *The Living Human Document: Re-visioning Pastoral Counseling in a Hermeneutical Mode* (Nashville: Abingdon Press, 1984). 하지만 나는 Gerkin이 아직 사람의 인격의 텍스트적 특성을 분명히 하지 못했다고 생각한다. 자아의 텍스트적

우리는 관계 존재이다. 우리의 형태를 구체화하는 이야기들은 지속적 힘을 지니고 있는 서사적 교류이다.[16] 저킨은 나의 이야기와 우리의 이야기가 고전적 이야기에 어떻게 관계하는지를 이해하는 데 도움을 준다.

특성에 대해서 다음을 참조. Richard Harvey Brown, *Society as Text: Essays on Rhetoric, Reason, and Reality* (Chicago: University of Chicago Press, 1987), 60-63, 143-171, 그리고 이곳저곳.

16 신학적 범주들이 서사적 교류에서 특징지어진다고 함에 따라 "대상-관계 이론"이 성격 이론 면에서 신학적 범주인 언약과 가장 훌륭한 상호 접촉점을 제공한다는 것은 그럴듯하게 여겨진다. "대상-관계 이론"의 문헌에 대해서 다음을 참조. Gerkin, *The Living Human Document*, 81-96. 치료의 서사적 차원에 대해서 다음을 참조. James Hillman, "The Fiction of Case History: A Round," in *Religion as Story*, ed. James B. Wiggins (Lanham, Md.: University of Press of America, 1975), 123-173. Hillman이 제출한 두 가지 논평이 우리의 연구와 관계가 있다.

"우리의 말하기에는 신이 있다는 사상, 이 신은 말을 장르의 구문론으로 형태화한다는 사상은 문학 연구에서 새로운 것이 아니다. 비록 그것들이 실제로 임상치료적 사실 설명을 적고 있는 것에 불과하다고 믿는 나의 동료 학자들에게 하나의 충격으로 다가올지라도 말이다"(145).

"우리가 우리의 삶을 상상하는 방식은 우리가 우리의 삶을 계속 살아가려고 하는 방식이다. 왜냐하면 무슨 일이 일어나고 있는지에 대해 우리가 스스로에게 말하는 양식은 사건들이 경험이 되도록 해주는 장르이기 때문이다. 다만 사건일 뿐이기만 하는 사건은 없고 명백한 사실이라는 것도 없으며 단순히 자료라고 하는 것도 없다. 정확히 말해서 이것 하나하나도 역시 원형적 환상인 것이다"(146).

역으로 여성주의자는 고전적 이야기가 어떻게 제국주의적이고 압제적일 수 있는지, 어떻게 "나의 이야기"와 "우리의 이야기"의 관점에서 재구성될 필요가 있는지를 주목한다. 우리는 우리의 이야기를 말하는 과정에 있고 또 실제로 구성하는 과정에 있다. 우리는 새로운 이야기를 거의 만들지 않고 우리에 앞서 오래 전에 거기에 있는 그리고 우리 뒤에 오랫동안 거기에 있는 이야기에다 우리 자신의 특별한 배역을 선정한다.

프로이트의 고전적 이야기와 우리의 공통 레퍼토리에서 더 직접적인 것 즉 건강과 병약에 관한 이야기는 우리에게 강력한 효력을 지니고 있다. 그러나 지금과 같은 실제적 논의에서 나의 목적은 교회(따라서 목양 활동)에서 성경이 우리에게 다른 이야기들과 같으면서도 매우 다른 이야기들의 원천을 제공한다는 것을 말해주려는 것이다. 이 이야기에서 다른 점은 창조하고 파괴하는 야웨의 일관된 힘에 있다.

야웨는 성경의 서사에서 나오는 바와 같이 수용되고 합법적이고 인정 받고 당연시되는 분이다. 야웨의 결정적 필수성은 이스라엘의 이야기를 이상한 것, 색다른 것,

극히 중대한 것으로 만든다. 프로이트가 전해준 많은 그리스 고전 신화에는 그 중심에 이러한 변혁적인 인물을 허용하지 않을 것이다. 이러한 변혁적 대리자는 우리가 인습적으로 주고받는 대부분의 이야기에도 현존하지 않는다. 대부분의 이야기들은 확고한 사회적 실재나 위험스러운 신학적 힘을 결여한 채 단조로운 심리학적 교류로서 시시해지고 만다.

목회 직무의 서사적 조망은 변혁을 이룰 수 있는 침투 행위자가 없는 그리스 신화에 초점을 맞추지 않는다. 사적으로 내밀화된 서사는 그 초점을 성품의 의미와 권력의 실재에 두지만 목회 직무는 이러한 서사에 시간을 끌며 지나치게 오래 음미하지 않는다. 목회 직무는 이보다 더 나아가서 능동적으로 작용하는 변혁적 섭리, 즉 우리가 가장 소중히 간직하는 이야기 한가운데에 있는 경외스러운 인물 주체를 생각한다.

내가 믿기로는 지금 내가 어리석은 또는 무책임한 초자연주의를 제창하고 있지 않음은 분명하다. 하지만 나의 인상으로는 우리의 "건강 이야기"가 주요 인물을 무시하고 있는 것은 사실인 것 같다. 이것은 정신병을 앓고 있는 아버지와 성적으로 문란한 어머니에 관해 침묵을 지키면서 우리의 병약을 이야기하는 것과 다를 바 없다.

서사의 모든 등장 인물은 그 역할 배분이 허락되어야 한다.[17] 우리가 사무엘상 18장의 서사에서 아는 것은 "성공", "사랑" 그 이상의 것이 있다는 것이다. 또한 "야웨가 그와 함께 계셨다"가 있다는 것이다.

그렇다면 목회적 돌봄은 우리가 말하는 이야기를 단순히 평가하는 데서만 성립하지 않는다. 우리의 이야기이기도 한 다른 이야기, 즉 그 플롯의 모든 다른 인물을 변화시키는 은폐된 일관성에 관한 이야기에 주시해야 하는 것이다. 사회학적 심리학적 분석은 그 분석 그대로 중요한 것이지만 우리의 진리를 말하는 방식으로는 적합한 방식이 아닌 것이다.

---

17 서사에서 많은 "인물"을 등장시키는 능력에 대해서 다음을 참조. Stephen Crites, "Angels We Have Heard," in Wiggins, ed., *Religion as Story*, 23-63. Crites는 천사가 어떻게 어떤 종류의 서사에서는 유의미하고 신뢰할 수 있는 인물로 나타날 수 있고 다른 종류의 서사에서는 반드시 원칙적으로 배제될 수 있는지를 보여준다.

2) 필연성을 넘어서는 서사적 결론

이 장의 서사는 구체적 특수성으로 만들어진다. 하지만 결국 그 이야기는 부분의 합 그 이상이다. 그 이야기는 요나단, 미갈, 메랍, 그리고 사울의 조그만 행동에서 성립한다. 역사 비평은 세목을 분석하는 데 조예가 깊고 집중적이다. 하지만 사무엘상 18장에서 부분에만 집중하면 아무 것도 이해하지 못할 것이다. 참되게 이해하고 신선하게 식별하려면 부분에서 자동적으로 나오지 않는 것, 즉 크게 보고 자꾸 읽는 독법이 필요하다.

이렇게 크게 보는 독법은 일시적으로 놀이 삼아 연주하듯 대담하게 내릴 수 있는 신학적 평결이다. 이 평결은 자료에서 귀결된다. 하지만 자동적으로 따라 나오는 것은 아니다. 그런 귀결은 플롯의 모든 인물에 주의하고 해석적 도약을 과감하게 행하는 자에게만 주어진다. 이 도약은 신학적 도약인데 이것은 성품과 권력에 의해서 알려지고 성품과 권력에 집중함으로써이지만 최종적으로 섭리에 당황하지 않음으로써이다. 사무엘상 18장에서 이루어진 평결의 도약은 "야웨가 그와 함께 계셨다"이다.

내레이터 다시 말해 우리의 목회적 돌봄을 다루는 자인이 내레이터는 그러한 도약을 준비하고 언어와 지시 연관을 알고 있고 자료가 그러한 결론을 허용하고 요구할 것이라는 점을 보고 싶어서 기다리는 것을 마다하지 않는다.

이러한 서사의 맥락에서 목회적 돌봄은 부분이 어떻게 상호 연관되는지에 관한 예술적 해석이다. 이것은 고압적 신학이 아니다. 이것은 거만한 초자연주의가 아니다. 그보다 그 토대는 우리의 삶의 이야기에는 우리의 현대성이 용인하는 것보다 더 많은, 즉 한 명 이상의 인물이 있다는 인식이다.

물론 나는 많은 병리 현상을 보이는 종교들이 있다는 것을 알고 있다. 그래서 종교는 치유 목적에는 위험한 것이 되었다. 하지만 우리는 또한 병리적 절망과 주관주의 그리고 환원주의를 감안하지 않을 수 없다. 그 서사에서 주어진 신학적 평결은 진공 속에 있는 것이 아니고 예전과 교육 면에서 야웨라는 결정적 인물을 가차 없이 완강하게 있는 그대로 스케치하는 공동체 속에서 발생한다. "야웨가 그와 함께 계셨다"는 평결이 주어질 때 이미 청중은 그분을 출애굽에서 여호수아에 이르기까지 현존해 왔던 분으로 밝혀내면서 그분이 누구인지를 약간은 알고 있다. 우리가 이분에 대한 설명을 다시 한 번 들을 때 이 위대한 이야기의 하나님은 "나의 이야기"에 현존하게 되고 부분을 접합하는 접착제가 될 것이다.

3) 항상 우리를 넘어서 다시 말해지는 우리의 이야기

사무엘상 18장에서 보이는 바와 같이 다윗과 야웨에 대한 연출적인 설명은 목회적 돌봄에 유용하다. 왜냐하면 그것은 나의 이야기이면서 나의 이야기가 아니기 때문이기도 하다. 그것은 나에 관한 것이고 나에 관한 것이 아니기도 하다. 브루노 베틀하임(Bruno Bettelheim)은 요정 이야기가 아동에게 대안적 가능성을 창출해주면서 아동의 상상력을 형태화하고 확립한다는 점을 잘 이해한 바 있다.[18] 게다가 어른이 이야기를 들려줌으로써 아동이 상

---

18 Bettelheim, *The Uses of Enchantment*, 28, 이곳저곳. 동일한 논지를 다른 방식으로 제시한 다음을 참조. George Steiner, *Real Presences: Is There Anything in What We Say?* (London: Faber &

상적인 탐구에 참여하는 것은 당연하다.

내가 제안하는 바는 사무엘상 18장의 서사와 같은 서사들은 진지하게 취급되고 놀이 삼아 예민하게 조형되면 삶을 재기술하고 재구성하는 유쾌한 기회를 제공한다는 것이다. 우리는 삶을 진행하면서 우리 자신을 재구성하고 다시 말하는 셈이다. 따라서 이러한 재구성과 다시 말함을 위해 어떤 자료를 가용 자원으로 하는지는 중요한 문제이다.

베틀하임이 보여준 바와 같이 아동은 결코 잭, 또는 세 마리의 작은 돼지, 또는 신밧드, 또는 빨간 모자를 자기 자신으로 혼동하지 않는다. 그렇기는 하지만 그 플롯에 나오는 다른 인물들과의 경이로운 참여는 현존한다. 사무엘상 18장에서도 그렇지만 현대 청중이나 고대 이스라엘 사람은 자기 자신과 다윗을 혼동하지 않는다.

우리도 성경 이야기에서와 같이 그렇게 하지 않는다. 우리가 사울이나 다윗을 숙고하는 동안 우리의 삶은 요

Faber, 1989), 191. "아동에게 텍스트가 공백으로 그야말로 그 말의 의미 그대로 공백으로 남겨지게 되면 아동은 마음과 상상력이 일찍 죽는 고통을 겪을 것이다."

나단, 메랍, 미갈, 노래하는 여인, 그리고 가혹한 창과 환호하는 무리들로 가득한 삶이라는 것을 깨닫는 데 많은 상상력이 필요한 것은 아니다.

우리는 서사에 매우 가까이 끌리고 또 참여한다. 우리가 가까이 끌릴 때 비평은 극복되고 본문은 우리에게 다른 세계를 말한다. 즉 사랑이 가능하고 증오가 광포하는 세계, 성공이 마구 빈발하고 왕이 실패하는 세계, 야웨가 변혁적 방식으로 현존하는 세계를 말한다. 다윗의 세계는 사람들로 득실댄다. 다윗의 이야기와 세계를 다시 말하는 데서 "우리의 이야기"도 다시 사람들로 가득 채워진다.

내레이터는 우리의 경청에 대해서 까다롭게 굴지 않는다. 그리고 우리가 그 이야기를 듣기 전에 믿는 자일 것을 요구하지 않는다. 다만 우리가 모든 인물을 그 이야기 속에 현존하게 내버려 둘 것을 점잖게 요구할 뿐이다. 많은 시간이 흘러간 후에 우리는 우리의 이야기가 이와 같을까 하고 생각하지 않을 수 없다.

서사와 본문과 목회적 돌봄의 상호 연결에서 나에게 제시되는 것은 다음과 같은 세 가지 논지이다.

1. **삶의 재이미지화를 위한 맥락으로서 서사적 상상력**
2. **모든 부분을 총괄하는 해석된 전체성의 의미**
3. **우리의 이야기이자 우리의 이야기가 아닌 이야기**

이제 우리는 비평을 존중하지만 비평을 초월하는 서사 자체의 주장에 참여하는 방식으로 성경 본문을 다룰 필요가 있다. 분별없는 종교와 이보다 더 분별없는 비평은 우리의 성경 축소, 성경의 순진함에 대한 당혹감, 성경의 고집스런 교묘함에 대한 혐오감 때문에 일어난다.

우리의 경험에 없는 이러한 이야기들은 "설명할 수 있는" 것처럼 보인다. 그러나 그렇게 되면 그런 이야기를 알아차리는 것은 가능하지 않다. 다시 말해서 왕위는 결코 위험스럽지 않고 노래는 결코 구가되지 않으며 칼은 결코 내던져지지 않고 포피는 결코 얻어지지 않고 이름은 결코 존귀하지 않다. 모든 것이 "설명될" 때 삶은 거부되고 새로운 삶은 일체 상상할 수 없다.

우리의 "설명된" 삶에 대한 대안으로서 우리는 우리의 시시해진 일차원적 삶을 부수고 여는 이야기들을 제공받는다. 우리는 오랫동안 이러한 이야기들의 결과를 알았다고 생각한다.

그러나 이제 이러한 이야기들은 우리의 삶을 위해 새로이 놀라운 방식으로 다시 말하는 것을 기다린다. 그것들이 다시 말해지지 않을 때 우리는 과거에 있었던 그대로를 견디어야 한다. 그 이야기들이 다시 잘 말해질 때 우리는 하나님의 섭리적 돌봄이 우리의 주목할 만한 성품과 교묘하고 파괴적 힘을 상회하는 새로운 세계를 제공받는다.[19]

---

19 나는 Gail R. O'Day가 나의 연구와 저술의 다른 많은 곳에서와 마찬가지로 이 장에서 나에게 주었던 더할 수 없는 귀중한 도움에 기쁜 마음으로 감사를 드린다. 이 장과 관련해서 그녀는 서사로 그려지는 다윗의 삶을 보도록 도와주었다. 그러나 이것을 넘어서 그녀는 나에게 문학 분석과 이 분석에 따르는 신학적 분별에 대해 내가 알고 있는 많은 것을 가르쳐주었다. 그녀의 책 『사복음서의 계시: 서사 양식과 신학적 주장』(*Revelation in the Fourth Gospel: Narrative Mode and Theological Claim*) (Philadelphia: Fortress Press, 1986)과 시간 외의 끈기 있는 대담함과 분별력 덕분으로 나는 본문을 더욱 주의 깊고 적합하게, 그리고 더욱 박식하게 읽을 수 있게 되었다. 나는 그녀에게 많이 빚지고 있다.

3 폭력의 유혹: 살인죄를 피하고 거부하기

1. 서론

인간의 삶은 권력을 지키고 소유하고 빼앗기는 이상한 이야기이다. 권력의 실재, 위험, 유혹 그리고 결정성은 권력을 이해하거나 설명하는 우리의 능력을 넘어선다. 마르크스는 근원까지 파고 들어가면 모든 권력과 부의 집중은 모종의 폭력적 장악에 기초하고 있다고 판단했는데 그 점에서 틀림없이 옳다.[1] 폭력에 뿌리를 둔 권

---

[1] Jose Miranda, *Marx and the Bible* (Maryknoll, N.Y.: Orbis Books, 1974). Miranda는 1장에서 마르크스의 논의를 분명한 진술로 제시했고 이것을 특별히 경제학의 문제에 적용했다.

력의 주제는 현대 세계를 보면 분명하다. 성 차별과 인종 차별이 드러나고 장애인이 더 이상 인습적인 불평등을 수용하지 않을 때 권력과 폭력 사이의 관계는 아주 분명하다.[2]

우리의 공동 삶의 많은 부분이 기초하고 있는 이 관계는 기존 체제의 이해에 너무 곤혹스럽고 위험스러운 것이기에 그 실재에 대한 적절한 언어를 발견하는 것은 어려운 일이다. 하지만 우리가 모든 권력 장치의 한가운데서 살아가는 야만성을 길들이고 제약하고 변혁하고자 한다면 권력과 폭력의 연계를 솔직하게 말해야 한다. 물론 명확하고도 당연한 폭력을 길들일 수 있는지는 해결을 보지 못한 문제이다. 마르크스는 폭력은 길들일 수 없다고 말했는데 아마도 옳은 말일지 모른다.

이 서사에서와 같이 위대한 예술은 우월성을 지닌 더

---

2 폭력과 권력의 상호 연결 그리고 언어가 폭력을 저지하는 방식에 대해서 Scarry의 멋진 진술을 참조. Elaine Scarry, *The Body in Pain* (New York: Oxford University Press, 1985); Susan Jacoby, *Wild Justice: The Evolution of Revenge* (San Francisco: Harper & Row, 1983). Rene Girard의 저서는 폭력과 종교라는 주제에 관한 최근의 성경 연구에서 특히 중요하다. 다음을 참조. Andrew J. McKenna, ed., *Rene Girard and Biblical Studies*, Semeia 33 (1985).

나은 길을 지켜보고 희망하며 때때로 만들어내기도 한다. 우리가 보겠지만 이 서사는 폭력의 여명에 있는 다윗을 조망한다. 교회는 대부분 이 어려운 문제를 피하고 평온한 일에 몰두함으로 견뎠다. 그러나 내키지 않는 이 문제 대해서 성경은 그 주제에 대해 말하고자 하고 말해야만 하며 전혀 당황하지 않고 그렇게 한다는 점을 우리는 주목하고 싶다.

2. 폭력의 한복판에 있는 수사

이 장에서 나는 성경이 권력과 폭력을 말하는 한 가지 방식의 사례로서 다윗 서사의 일부를 취하고자 한다. 다윗 서사는 권력의 실재에 대한 예술적 성찰이다. 다윗으로 이어지는 설명의 벽두에 한나는 "가난하게도 하시고 부유하게도 하시"며, "낮추기도 하시고 높이기도 하시는"(삼상 2:7) 그분을 노래한다. 이러한 강령적인 노래에서 한나(그리고 이스라엘)는 야웨가 권력이라는 사회적 실재를 돌연히 변혁시키기도 할 것이며 변혁시킨다는 전망을 고백한다. 그 노래가 자리매김하듯 한나는 사무엘이 탄생하는 놀라운 경험을 노래한다. 이스라엘에서 탄생은 하나님이 권력을 재분배하고 사회를 변혁시키는 새로운 것을 시행하시는 전형적인 방식이다(기독교 전통에서 탄생을 하나님으로부터 오는 새로운 것으로서 주시는 결실은 베들레헴에 와서야 이루어진다).

이 시는 아들 사무엘의 탄생에 대한 한나(이스라엘)의 놀라움을 소개한다. 그러나 그녀의 노래는 신생아를 넘어서 이스라엘 왕권의 정치적 지평으로 이동한다.

> 주님께서 땅 끝까지 심판하시고
> 세우신 왕에게 힘을 주시며
> 기름부어 세우신 왕에게 승리를 안겨 주실 것이다(삼상 2:10b).

브레버드 차일즈(Brevard Childs)와 로버트 고든(Robert Gordon)은 한나의 노래가 분명하게 표현되고 규정되어 있으므로 그 의도가 사무엘의 탄생을 넘어서 곧 따라오는 다윗 이야기로 수월하게 연결된다는 것에 주목했다.[3] 다윗은 부유하게 되는 가난한 자, 높아지게 되는 낮은 자의 범례이다. 다윗은 아무런 권리나 신임도 없이 힘없이 시작하는 사람으로 출현한다. 그는 이새의 여덟 아들 중 막내이다(삼상 16:10-11).

후속하는 서사는 다윗이 권력에서 거절되지 않을 것이라는 각성과 확정을 반복한다. 그는 점점 강해진다. 열왕기상 2:5-9에 나오는 그의 이야기 끝에 가면 다윗은 아들에게 조언하는 매우 나이 많은 "대부"처럼 보인다. 이 아버지의 충고는 권력을 보존하고 강화하는 법, 보복하고 기억하고 복수하는 법에 관계한다.

다윗은 이제 영리하고 노회하고 냉소적이 되었고 더 이상은 젊은 시절의 결백함을 소유한 매력적인 인물(삼상 16:12)이 아니다. 다윗은 한나가 노래한 바로 그 인물인 것으로 드러난다. 그녀의 노래에 나오는 하나님은 다윗을

---

3 Brevard S. Childs, *Introduction to the Old Testament as Scripture* (Philadelphia: Fortress Press, 1979), 272-273; Robert P. Gordon, *1 & 2 Samuel*, Old Testament Guides(Sheffield: JSOT Press, 1984), 25-26.

보증하고 후원하는 바로 그 하나님인 것으로 드러난다.

다윗의 이야기는 이 젊은 "아무것도 아닌 자"가 어떻게 이렇게 냉소적인 노인이 되는지에 관한 연구이다. 그 이야기의 중간 부분, 즉 "다윗의 부상"에 관한 서사에서[4] 우리는 한나의 기대(삼상 2:1-10)와 솔로몬에게 지시하는 다윗의 냉소적 충고(왕상 2:5-9) 사이의 어느 중간 지점에 있게 된다.

이 두 본문 사이에 있는 서사에서 다윗이 부각된다. 그는 권력을 가질 것이다. 서사 전체가 그 방향으로 향해 있다. 서사는 다윗이 권력자가 될 운명이므로 폭력의 끝머리에 살고 있다는 것을 안다. 다윗의 운명의 완성은 폭력에의 유혹이거나 아니면 폭력의 현상이거나 이 중 어느 하나와 같이 간다. 이와 달리 어떻게 다윗이 왕이 될 수 있겠는가? 권력을 소유하는 모든 사람과 같이 사울은 자기 왕위를 쉽게 다윗에게 내줄 수 있게끔 되어 있지 않고 패배해서 순순히 걸어 나가도록 되어 있지 않

---

4 본문의 비평 문제와 학자의 분류에 대해서 다음을 참조. P. Kyle McCarter, *I Samuel*, Anchor Book (Garden City, N.Y.: Doubleday & Co., 1980), 27-30.

다. 다윗이 왕위를 차지하게 되어야 하지만 그 인수 과정은 무모한 야만적 권력 행위로 특징지어진다.[5]

다윗의 "부상" 이야기 내내 그는 폭력과 살인의 언저리에 산다. 폭력을 통한 권력의 유혹은 다윗에게 살인, 처벌, 복수의 문제를 만들어낸다. 따라서 다윗은 시급하게 이 모든 암시적 또는 가정된 범죄로부터 방면될 필요가 있다. 다윗의 문제는 그가 하나님을 범했기 때문에(삼하 12:7-12) 신학적 내용의 문제이거나 공적 관계의 문제이다. 그는 이스라엘의 감수성을 범하고 자신의 정치적 지지를 위태롭게 했다(삼하 16:7-8). 어느 쪽이든 다윗은 자신의 권력과 미래 왕위를 위험에 빠뜨리는 문제를 가지고 있다.

사적으로 내밀화된 확신과 인격적 풍성함을 추구하는 교회의 안이하고 지나친 해석으로 인해서 그 이야기에 대한 우리의 통상적이고 낭만적인 독법은 그 이야기에 나오는 폭력의 범람을 제거해버렸다. 그러나 우리가 주

---

5 삼상 8:11-18에서 보듯 미래의 군주제의 중심 특성은 그것이 제도의 "인수"라는 사실을 주목할 것.

의 깊게 읽는다면 그 이야기가 권력과 폭력에 관해서 요지부동의 예리한 경고의 국면과 죄의 결과를 품고 있음을 알아차릴 수 있다. 그 서사는 죄와 결백, 복수와 무죄 방면의 중대한 문제를 정확하고 구체적으로 그리고 예민하고 정교하게 논급하면서 다루는 완벽한 예술적 표현이다.

3. 살인죄 피하기

이 장의 토론에서 나는 "다윗의 부상" 서사 중 두 묶음의 자료를 (이 장의 개요 3.과 4.에서) 고찰할 것이다. 두 곳 모두에서 권력과 폭력의 주제가 내레이터가 몰두하는 주제라는 것은 분명하다. 실로 그 서사는 다윗이 어떻게 권력에 이르는가, 폭력의 위협이 어떻게 그 이야기를 선회하는가, 이스라엘의 하나님이 어떻게 다윗을 권좌로 데려가기 위해 그 위협 가운데서 움직이는 것으로 나타나는가 하는 문제에 몰두하는 것으로 보인다.

첫 번째 묶음 자료는 사무엘상 24-26에 나오는 세 개의 연속적 이야기로 구성된다. 24장과 26장은 동일한 플롯을 평행적으로 설명한다. 25장이 그 사이에 있는데 역시 마찬가지로 권력과 폭력의 주제에 관계한다.[6]

1) 더 의로운 사람: 사무엘상 24장

여기서 사울은 다시 한 번 다윗을 추적한다(다음에 나오는 그의 행동과 비교할 것. 18:17, 21; 19:10, 11; 20:31; 23:13-14, 22-29). 사울은 뒤를 보려고 멈추어 굴 안으로 들어간다. 운(또는 섭리)이 따라주듯 다윗과 그 부하들은 굴의 안쪽 깊은 곳에 숨어 있었다. 사울은 그들이 거기에 있는 것을 모른다(삼상 24:3). 다윗의 부하들도 쉼터가 필요했었다. 이상한 상황에서 이루어지는 그들의 만남 때문에 사울의 역할과 다윗의 역할이 극적으로 역전되었다.

왕이 공격 당하기 쉽게 노출되어 있고 다윗은 권력을 점한 우세한 위치에 있다. 이 극적인 서사에서 사냥꾼은

---

6 R. P. Gordon, "David's Rise and Saul's Demise: Narrative Analogy in I Samuel 24-26," *Tyndale Bulletin* 31 (1980): 37-67.

사냥 대상이 된다. 이제 다윗은 사울을 저격하는 기회를 잡는다. 다윗은 자기의 충성스런 부하 덕분에 사울을 제거하고자 하는 마음을 먹는다(삼상 24:4).

다윗은 부하들의 유혹에 넘어가는 아슬아슬한 순간에 이른다. 다윗은 사울을 안전하게 쉽게 죽일 수 있었고 자기 방어라고 변호할 수 있었다. 그러나 그는 그렇게 하지 않는다. 그 대신에 다윗은 사울의 겉옷 자락을 "자른다." 이것은 사울이 자신의 남자다움과 권위를 빼앗기는 상징적 폭력 행위이다.

"자르다"(krt)라는 동사의 용도는 서사에 무게를 실어주는 것이고 결정적인 것이다. 이미 사무엘상 20:14-17에서 다윗은 요나단에게 사울 가문을 "자르지" 않기로 맹세했다. 거기서 이 동사는 세 번이나 사용된다. 그 단어의 사용은 그 큰 서사의 결정적인 문제, 즉 사울 가문의 위태로움에 초점을 맞추는 것이다. 이제 그 단어가 우리의 본문에서 다시 사용된다. 데이비드 건(David Gunn)은 사울의 "자락"을 자르는 다윗의 행동이 사울의 생식기를 자르는 것, 따라서 그의 권력과 미래를 빼앗는 것을 넌지시 말하는 연출이고 이는 이스라엘의 듣는 사람이 놓치

지 않는 것이라는 점을 시사한 바 있다.[7]

사울의 가문, 사울의 이름, 사울의 "자락", 그리고 사울의 생식기의 암시와 더불어서 그 동사를 함께 사용하는 것은 사울의 상황이 다윗의 면전에서 얼마나 위태로운 것인가를 가리킨다. 서사 전체가 사울 왕국이 언제 어떻게 "잘릴지"를 지켜보고 기다리고 있다. 이 서사에서 교묘하게 술책하는 대로 사울의 통치가 다윗의 운명 앞에 지속할 수 없다는 것은 분명하다.

사울을 저격하는 상징적 폭력 행위로 다윗은 마음에 가책을 받게 된다(삼상 24:5). 결국 다윗은 하나님의 마음에 합한 자이다(삼상 13:14; 28:17). 사람들은 그와 같은 사람이 적법한 왕을 파괴할 만큼 살인적인 마음을 가지는 것을 기대하지 않을 것이다. 다윗은 제정신으로 돌아올 것이다(삼하 24:10; 눅 15:17). 다윗은 그가 했을지도 모르는 것, 사울에게 한 것이나 마찬가지인 것에 대해서 가책을 받고 후회한다. 아마도 다윗이 겉옷자락을 자르는

---

7 David M. Gunn, *The Fate of King Saul*, *Journal for the Study of the Old Testament* Supp. 14 (Sheffield: JSOT Press, 1980), 93-95.

것은 그의 부하들에 대한 책략일 것이다. 왜냐하면 다윗은 사울을 치는 데까지 나아가지 못하도록 일러두었기 때문이다(삼상 24:7).

다윗은 거의 살인죄를 저지를 뻔했다. 그러나 그는 자신의 충동과 자기 부하의 재촉을 거스르고 사울은 "주께서 기름부어 세웠다"는 인정과 함께 선을 긋는다.

다윗은 권력을 꿈꾼다. 그러나 그의 꿈은 자신이 넘지 않을 한계선을 지키고 있다. 살인을 거부하는 그 순간에 다윗은 그의 폭력이 사울뿐만 아니라 자기도 파괴할 것이라는 점을 알고 있었던 것 같다. 내레이터는 다윗의 유혹을 비롯하여 자신의 결백을 유지할 수 있었던 유혹 금지선을 표현한다.

24장의 나머지는 두 개의 긴 언설로 구성된다. 다윗이 먼저 말한다(삼상 24:8-15). 그는 사울에게 적절한 칭호로 말문을 연다.

임금님, 임금님(삼상 24:8).

다윗은 사울 앞에서 엎드려 절을 하고 자신의 결백을

선포한다(그 이야기에서 야웨라는 이름이 얼마나 자연스럽게 사용되는지를 주목하라).

> 주님께서 오늘 임금님을 나의 손에 넘겨 주셨다…그러나 나는 임금님을 아꼈습니다(삼상 24:10).

나는 결백하다. 나는 당신을 죽일 수 있었지만 죽이지 않았다고 다윗은 주장한다. 그러고 나서 다윗의 어조는 변한다. 그가 사울을 "아버지"(삼상 24:11)라고 부를 때 그의 목소리는 제왕적이지 않고 친밀하다.

> 내가 이 겉옷자락만 자르고 임금님께 손을 대지 않았습니다(삼상 24:14).

다시 한 번 저 불길한 단어 즉 "자르다"가 들려온다. 그렇게 말을 많이 하고는 다윗은 다음과 같이 결론내린다.

> 나의 손에 악이나 죄가 없으며(삼상 24:11).

다윗은 자기 자신의 결백을 주장한다. 실로 그 서사는 살인죄가 강력한 유혹이었던 맥락에서 다윗의 결백을 주장하는 데 관계한다.

다윗은 사울에게 복종하되 왕의 평결을 요청한다. 사울에게 "임금님, 임금님"(삼상 24:8)이라고 말한 후에 자신의 결백을 믿고 사울을 "아버지"(삼상 24:11)라고 부른다. 사울은 비슷한 친밀성을 담은 말, 즉 "나의 아들 다윗"(삼상 24:16)이라는 말로 반응한다. 사울의 목소리는 곤란하게 된 늙은 이삭(창 27:18)의 파토스를 반향한다. 사울은 다윗을 죽이려고 미친 듯이 쫓아다녔다. 그런데 이제 맑은 정신으로 돌아와 다윗을 "나의 아들"이라고 부른다.

그리고 사울은 운다(삼상 24:16). 사울은 있을 수 있었던 일과 결코 있을 수 없을 일에 대해서 운다. 또한 사울은 실제로 있을 일에 대해서 운다. 사울이 우는 것은 자신의 미래가 다윗의 그늘에 있고 그 미래가 다윗에게 속해 있고 자신에게 속하지 않기 때문이다. 그가 우는 것은 두려움과 증오로 헤매면서 자신의 미래를 허비했기 때문이다. 사울의 울음은 자신을 배제하는 미래를 체념하고 받아들이는 슬픔이요 인정하고 싶지 않았던 다윗의 운명이라는 힘든 현실을 시인하는 것이다. 사울은 울고 나서 다윗에게 다음과 같이 말하는 반응을 보인다.

> 나는 너를 괴롭혔는데 너는 네게 이렇게 잘 해주었으니 네가 나보다 의로운 사람이다(삼상 24:17).

다윗에 대한 왕의 반응은 사법 언어로 주어진다. 이것은 개인적 감사나 친밀감을 표하는 언어가 아니다. 그것은 권력, 폭력, 죄, 보복이 계속되는 공개적인 투쟁의 기록이다. 이러한 정치적 현실 문제를 서사에 성명하는 것은 용서의 가능성 문제를 제기하고 두려움과 보복의 순환을 깨뜨리는 문제를 제기한다. 사냥꾼과 사냥 대상의 악순환은 예상치 못했던 자비로운 행위로 깨뜨릴 수 있다.

다윗의 행동에서 용서는 단순히 종교적 은총의 문제 또는 온유와 친밀성의 문제가 아니라는 것은 분명하다. 용서는 정치적 갈등을 재조정할 수 있는 대담한 정치적 행위이다.[8] 다윗이 그러한 용서 행위를 감행할 수 있기 때문에 사울과 다윗 사이에는 새로운 교류가 가능하게 된다.

다윗에 대한 반응을 보여주는 사울의 첫 번째 진술은 기술적이다(삼상 24:17-19a). 다윗은 실로 "의롭다." 다윗은 당연히 해도 될 일인데 복수하지 않고 보복하지 않았다. 다윗은 죄가 없는 사람이다.

이 기술적 진술은 사울의 두 번째 진술 즉 기도와 다를 바 없었을 소원의 기초가 된다.

> 주님께서 너에게 선으로 갚아 주시기 바란다(삼상 24:19).

다윗은 사울로부터 적절하게 받지 못한 것을 야웨로부터 받아야 한다. 사울(과 다윗)은 이 의로운 사람이 자신의 규율을 지킨 올바른 삶에 대해 적절한 보상을 받아

---

8 용서의 공적 정치적 차원에 대해서 다음을 참조. Carter Heyward et al., *Revolutionary Forgiveness: Feminist Reflection on Nicaragua* (Maryknoll, N.Y.: Orbis Books, 1987).

야 하는 도덕적 일관성의 세계에 살고 있다. 그의 올바른 삶은 살인죄를 피했고 사울에게 복수하지 않았다.

사울이 하는 말에서 기술(삼상 24:17-19a)과 소원(삼상 24:19)에 이어지는 세 번째 요소는 역동적인 약속이다. 사울은 결정적 시인을 토로한다.

> 나도 분명히 안다. 너는 틀림없이 왕이 될 것이고 이스라엘 나라가 네 손에서 굳게 설 것이다(삼상 24:20).

"왕이 될 것이다"라는 동사는 강조 동사이고 절대 부정사 구문이다. 결국 사울은 안다. 실로 사울은 최종적으로 알고 있는 자이다(삼상 23:17). 서사는 다윗이 왕이 될 것이라는 것을 우리로 하여금 오랫동안 알도록 했다. 그러나 사울이 알지 않는다면 그리고 알 때까지는 우리가 아는 것이 그렇게 중요하지 않다. 사울은 알아야 하는 사람이다. 사울이 인정하는 이 순간이 권력에 대한 무시무시한 경쟁이 끝나는 순간이다. 다윗은 복수와 폭력으로 범죄하지 않고 권력에 당도했다.

사울의 말에서 마지막 요소는 사울이 다윗에게서 다

윗이 사울의 자손과 이름을 멸절시키지 않겠다는 개인적 서약을 불러내는 점이다(삼상 24:21). 다윗은 맹세한다(삼상 24:22). 다윗의 맹세의 보고는 간명하다. 그렇지만 그 맹세는 그 뒤에 일어나는 결정적인 일이다. 왜냐하면 다윗은 자기 말을 지키는 사람이기 때문이다.

다윗과 사울이 서로 주고받는 말은 정치 권력의 위험과 현실에 대해 깊이 주의하며 교묘하게 공들인 진술이다. 다윗이 사울에게 하는 말은 다윗의 결백을 주장한다. 다윗은 복수가 일어나고 있다는 것을 인정한다. 그러나 그것은 야웨의 일이지 다윗의 일이 아니다(삼상 24:12). 다윗의 말은 야웨의 통치에서 볼 때 두 사람 사이의 역학을 다시 한번 인식하라고 사울에게 던지는 도전을 나타낸다. 사울이 다윗에게 보여주는 파토스가 가득 실려 있는 반응은 다윗의 현실 독법이 올바르다는 시인이다. 사울이 오인하고 있었지만 이제 그는 다윗의 모든 것을 인정하는 결과에 이른다.

결국 사울은 다윗에게 자신의 가계가 생존만 하도록 맹세할 것을 불러낸다. 그러나 그 맹세는 사울의 권력과 왕위를 위해서 아무것도 내놓지 않는다. 그것은 곧 실각하여 양도된다. 다윗은 실제로 사울의 겉옷자락을 "자른다"는 점에서 살인죄를 거의 범할 뻔 했다. 그러나 다윗의 말과 사울의 반응은 다윗이 죄의 언저리에서 살고 있으나 결백하다는 것을 분명히 한다.

2) 일을 해낼 만한 사람: 사무엘상 26장

26장에 나오는 평행 설명은 24장에 나오는 이야기와 동일 노선을 따라간다. 하지만 그 서사는 그것을 말하는 데 있어서 조금 복잡하다. 거듭 사울은 사냥꾼으로 시작하지만 사냥 대상이 된다(삼상 26:5). 다윗은 무자비한 아비새와 함께 밤중에 사울 진영에 들어간다(삼상 26:7). 우리는 그들이 거기에 왜 갔는지에 대해서 아무런 말도 듣지 못한다. 하지만 아비새는 그것이 살해를 위한 것이라고 생각한다. 왜냐하면 사울은 다윗의 철천지 원수이기 때문이다. 그 서사는 적대심이 사울의 편에 있지 다윗의 편에 있지 않음을 주의 깊게 보여준다. 죽이라는 맹세를 한 것은 다윗이 아니라 사울이다. 아비새에 대한 다윗의 반응, 그리고 아비새의 간청에 대한 다윗의 힐난은 그 서사의 신학적 의도를 표현한다.

> 그를 죽여서는 안 된다. 그 어느 누구든지 주님께서 기름부어 세우신 자를 죽였다가는 벌을 면하지 못한다…주님께서 확실히 살아 계심을 두고 말하지만 주님께서 사울을 치시든지 죽을 날이 되어서 죽든지 또는 전쟁에 나갔다가 죽든지 할 것이다. 주님께서 기름부어 세우신 이를 내가 쳐서 죽이는 일은 주님께서 금하시는 일이다(삼상 26:9-11).

그러고는 다윗은 사울의 창과 물병을 가지고 갔다. 사울과 아브넬에 대해서 내레이터는 다음과 같이 덧붙인다.

> 주님께서 그들을 깊이 잠들게 하셔서 잠들어 있었다 (삼상 26:12).

권력과 폭력이 이 서사를 감돌고 있다. 무자비한 권력

은 아비새의 인격에 육화되어 있다.[9] 그러나 이 서사는 권력과 폭력을 따르되 동시에 신의 섭리가 실려 있다. 사무엘상 26:9-12에서 야웨의 이름이 여섯 번이나 호명된다. 그 이름을 부르는 것이 몇몇의 경우에는 인습적이지만 두 번은 그 서사에 결정적이다.

첫째는 "야웨가 깊이 잠들게 하셨다"인데, 이는 사울로 하여금 나중에 쉽게 변화되도록 하기 위한 것이다.[10] 야웨가 사울에게 보낸 깊은 잠은 다윗이 사울에 대해 우위를 점하게 했다.

둘째는 이렇다. 즉 "야웨가 사울을 치실 것이다." 아니면 죽을 날이 되어서 죽든지 또는 전쟁에 나갔다가 죽든지 할 것이다(삼상 26:10). 사울이 죽을지도 모르는 방법이 세 가지가 거명되었다(다윗에게 주어지는 세 가지 선택과 비교

---

9 삼하 16:5-14에 있는 아비새의 비슷한 역할에 대해서 다음을 참조. Walter Brueggemann, "On Coping with Curses: A Study of II Samuel 16:5-14," *Catholic Biblical Quarterly* 36 (1974): 175-192.

10 Thomas H. McAlpine, *Sleep, Divine and Human, in the Old Testament, Journal for the Study of the Old Testament* Supp. 38 (Sheffield: JSOT Press, 1986). 야웨가 변혁적 또는 구원의 행위를 가동할 목적으로 사람에게 부과하는 신령한 수면에 대해서 다음을 참조. 창 2:21; 15:12.

할 것, 삼하 24:11-13). 이 세 가지의 첫 번째만 분명한 야웨의 소관사이다. 나머지 두 대안은 추론의 결과이지만 역시 야웨의 다스림 안에 들어 있다. 더욱이 이 세 가지는 곧 닥칠 사울의 죽음이 다윗과는 무관하고 아무런 연관이 없도록 하는 것이다.

다윗은 역사를 야웨가 주관하고 있으며 그 역사의 조류가 자신의 성공을 향해 밀어붙이고 있음을 의심하지 않는다. 다윗은 하나님의 미래를 강압하는 것이 아니라 그것이 그 자신의 방식으로 작동하도록 놓아두는 데 만족한다. 다윗은 간지의 대가일 뿐만 아니라 깊은 신앙의 소유자이다.

이 서사의 부가적 요소는 (삼상 24장과 대조적으로) 다윗이 아브넬을 조롱하는 부분으로서 아브넬이 사울을 충실히 보호하지 못했음을 시사한다(삼상 26:15-16). "야웨의 잠" 때문에 우리는 아브넬이 혈과 육 그 이상의 것과 싸우고 있음을 안다. 아브넬은 실로 사울을 충실히 보호하지 못했고 그의 부주의로 인해서 사울은 위험에 처해졌다. 그러나 아브넬의 실패 이유는 아브넬은 모르지만 우리는 아는 것, 즉 잠이 야웨의 일이라는 것이다. 그 잠은 다윗을 보호하고 사울을 패퇴하기 위해서 야웨가 일으킨 잠이라는 것이다. 아브넬은 야웨가 인준한 잠이 지니는 힘에 저항할 수 있는 기회가 전혀 없었다.

이러한 드라마를 가능하게 하는 "깊은 잠"은 섭리의 힘이 그 서사에 기재되는 통로이다. 여기에는 인간 대리자 이상의 것이 작용하고 있다. 이러한 불가해한 요소의 기입과 더불어 플롯은 복잡해진다.

아브넬 구절은 그 서사에서 주고받는 가장 중요한 대화를 지체할 뿐이다. 24장에서와 같이 사울과 다윗은 서로 대면한다. 즉 존재했던 것과 존재하게 될 것이 서로 만나는 장면이다. 다시 한 번 그것은 24:16(26:17)에서와 같이 "나의 아들"이다. 그러나 다윗의 대답은 24:11에서와 같이 "아버지"가 아니다. 이번에 다윗의 반응은 공식적이다. 즉 "나의 상전이신 임금님"(24:8에서와 같은 26:17)이다.

사울은 처음에는 잠시 멈칫하고 곧 물으니(삼상 26:17) 다윗은 처음으로 일장 연설을 한다(삼상 26:18-20). 사울은 다윗을 공범으로까지 내몰리게끔 사냥했다. 다윗은 두 개의 도전적 질문을 던지면서 자신의 결백을 주장한다.

> 내가 무슨 잘못을 저질렀습니까? 내 손으로 저지른 죄악이 무엇입니까?(삼상 26:18)

그 직후 다윗은 훌륭하게 분별하는 말을 추가한다. 그는 사울의 동기를 훑고 싶다. 다윗을 적대시하는 사울의 동기는 야웨나 인간의 조언자에 의해서 일어날 수 있다. 다윗은 동기가 어느 쪽이든 맞닥뜨릴 수 있다고 믿는다.

다윗에 대한 사울의 공격이 하나님으로부터 비롯되었다면 다윗은 제물을 통해서 하나님과 타협할 것이다. 다윗이 하나님을 달래면 사울이 왕위를 유지할 것인가가 다윗이 하는 말의 지평이 아니다. 그 말은 다만 다윗의 생존과 안녕이라는 긴급 사안에 관계할 뿐이다. 다윗은 자신이 하나님께 드리는 제물이 받아들여지고 효과적일 것이라고 믿는다. 아마도 다윗이 하나님을 주동자로 지시하는 것은 하나의 계책일 것이다. 아마 다윗도 내레이터도 사울과 하나님이 어디서 대화를 주고받는지를 확신할 수 없을 것이다.

그러나 사울의 적대심이 인간적 동기, 이를테면 아브넬의 난폭한 공격성과 같은 것이라면 그때는 사울의 배후에 있는 그 파괴적 힘은 비난과 저주를 면치 못할 것이다.

다윗이 명시적으로 사울에게 책임을 돌리지는 않지만 그가 하는 추론은 사울을 기묘하게 비난한다. 그의 비난의 표적은 즉물적으로는 사울의 측근이지 사울은 아니다. 하지만 그 비난은 측근뿐만 아니라 사울에게도 분명히 있다. 그 문책은 다윗을 뒤쫓는 것이 다윗을 이스라엘에서 추방하는 것이며 야웨의 땅에서 멀리 떠나가서 다른 신들을 섬기라고 하는 것이기 때문이다(삼상 26:19). 사울의 죄는 다윗에게 우상숭배를 행하게 하는 것이다. 이렇게 말하는 것은 사울을 범죄자들 측에 두기 위함이다.

실제로 사울의 사냥이 하나님에 의한 동기에서 나온 것이라는 심각한 개념이 전혀 없다. 그러한 선택은 진술되어 있지만 따르고는 있지 않다. 사울 이외의 인간 대리자에게 책임이 있다는 심각한 생각도 전혀 없다. 그것은 오로지 사울 때문이고 사울이 전적으로 잘못했다. 사울이 잘못하고 다윗은 결백하다. 다윗의 예술적 발언은 사울을 "나를 찾으러 나선" 제1의 피의자로 규탄하고 끝을 맺는다(삼상 26:20).

사울의 대답은 다윗의 문책을 시인한다.

내가 잘못했다(삼상 26:21; 삼하 12:13 참조).

내레이터는 사울의 죄를 직고하고 명백하다고 주장한다. 사울의 유죄 선고는 사울 자신의 입에 있다. 사울은 26:18의 세 가지 질문에 대답한다. 다윗은 아무런 죄도 없다. 다윗은 능란하게 사울의 죄 고백을 자기 자신에게 유리하게 바꾼다. 왜냐하면 그는 결백하다고 증명되어야 하기 때문이다.

다윗은 자신이 야웨의 선한 보상을 받을 자격이 있다고 상신한다. 야웨는 각 사람에게 그 자신의 공의와 진실에 따라 보상한다(삼상 26:23). 다윗은 의롭고 진실하고 이에 상응하는 보상을 야웨로부터 받아야 한다. 다윗은 단 한 구절에서 야웨의 이름을 세 번 부른다.

주님께서(야웨는) 갚아주시기를…주님께서(야웨는) 임금님을 나의 손에 넘겨주셨지만…나는 주님께서(야웨가)

> 기름부어 세우신 임금님께 손을 대지 않았습니다(삼상 26:23).

다윗의 간구는 사울에게 아무것도 요구하지 않는다. 왜냐하면 사울은 다윗이 원하거나 필요로 하는 것을 하나도 가지고 있지 않기 때문이다. 대신에 다윗은 자기의 생명을 야웨가 귀중하게 여겨주시기를 구한다(삼상 26:24). 이것이 현재 다윗에게 중요한 모든 것이다. 사울은 다윗에게 아무런 관련도 없는 것이 되었다.

다윗에 대한 사울의 마지막 긍정적 반응은 점강법적이다.

> 나의 아들 다윗아, 하나님이 너에게 복 주시기를 바란다(삼상 25a).

하지만 핵심이 되는 시인은 이미 이루어졌다. 사울은 앞서 주고받은 대화에서 확정된 것을 인정할 뿐이다. 사

울이 심각하게 취급되는 시간은 이제 끝났다.[11]

> 너는 참으로 일을 해낼 만한 사람이니 매사에 형통하기 바란다(삼상 26:25).

이렇게 일대일로 주고받는 대화를 통해서 권력은 이양되었다. 다윗은 정당성을 획득한다. 사울은 미래를 다윗에게 물려준다. 권력과 합법성의 이양은 이와 같은 극적 대화에 의해서 성취된다. 내레이터는 이스라엘을 초대하여 권력이 다윗에게로 어떻게 넘어갔는지를 곰곰이 생각하도록 한다. 그것은 저절로 이루어진 듯 다윗이 손가락 하나 까딱 하지 않고 야웨의 숨겨진 의도에 의해서 넘어간 것이 확실하다.

---

11 다윗에 대한 사울의 인정이 지니는 극적인 힘은 사울이 다시는 다윗에게 말하는 일이 없다는 사실에 의해서 강조된다. 실로 사울은 서사의 무대에서 사라진다. 다만 28:3-25에서 죽은 사무엘을 불러올리는 은밀한 상담은 예외이다. 이것은 권좌로 다가가는 다윗의 이야기에서 사울이 주요 인물로 등장하는 마지막 출현이다. 그 때문에 사울의 최종적 발언은 한층 더 중요하다. 그의 마지막 말은 다윗의 합법화이다.

3) 살인죄를 피한 사람: 사무엘상 25장

24장과 25장의 평행적 에피소드 사이에 25장의 아비가일 서사가 배치되어 있다. 여기서 다윗은 표면적으로는 다른 그 두 장에서 담당하는 역할과는 다른 역할을 떠맡고 있다. 이 서사에서 다윗은 기습대장이다. 그는 나발이 자기에게 먹거리를 들려 보내주기를 원한다(삼상 25:8). 나발은 거만하게(그리고 현명하지 못하게, 이것은 곧 드러난다) 거절한다(삼상 25:10-11). 나발의 거절에 대한 다윗의 반응은 단호하고 폭력적이다(삼상 25:12-13). 다윗은 그를 죽일 준비를 한다. 그는 나발의 도발에 그 가계의 모든 남자를 죽일 것이다.

그 이야기는 아비가일의 개입으로 거친 야만적 대결 장면에서 다윗의 또 다른 왕위 예상 장면으로 바뀐다. 남편은 "고집이 세고 행실이 포악"하였지만 그녀는 "이해심도 많고 용모도 아름다웠다"(삼상 25:3). 아비가일은 다윗의 격노를 진정하기 위해 어떻게 나타나고 행동하고 말해야 하는지를 정확하게 안다. 그녀는 다윗 앞에 엎드려 절을 하였다(삼상 25:23). 그녀는 나발과 그 도발적 행동을 무시해달라고 기민하게 간청하고 목장의 실질 주인으로서 자신을 선처해달라고 간청한다(삼상 25:25). 그녀는 위험했던 남편을 무대 뒤로 떠넘기는 능란한 솜씨를 보여준다.

25:26-31에서 아비가일은 모든 자재를 동원하여 놀라운 지략을 담은 말을 한다.

> 장군께서 사람을 죽이시거나 몸소 원수를 갚지 못하도록 막아 주신 분은 주님이십니다(삼상 25:26).

그런데 바로 그 짓을 감행하겠다고 서약한 다윗이다(삼상 25:22). 아비가일은 "다윗을 막아주신" 분이 야웨였다고 확증한다. 아비가일은 야웨의 금지가 실제로 그녀 자신의 효과적인 설득이라고 평가하는 것을 멋지게 거절한다. 아비가일의 개입이 다윗을 점검토록 한다.

하지만 내레이터는 아비가일을 다윗에 대한 야웨의 주의 깊은 돌봄으로 동일시했다. 내레이터의 연주에서 우리는 야웨의 섭리의 배려가 아비가일의 기민성에 다름 아니라고 결론내릴지도 모른다. 그러나 아비가일의 발언은 이를 거절한다. 영리한 여인의 개입 그 이상의 것이 지금 여기에서 진행되고 있다. 이 숨어 있는 섭리가 실로 아비가일에게 숨어 있다. 하지만 그것은 "단순한 한 사람"으로 환원될 수 없다. 아비가일은 다윗에게 선물을 준다. 그것은 아마도 나발이 거절한 먹거리일 것이다(삼상 25:27). 그녀는 용서해줄 것을 요청한다(삼상 25:28).

그리고 나서 아비가일은 완벽한 왕조를 약속하는 말을 한다.

> 주님께서 틀림없이 장군님의 집을 영구히 세워주실 것입니다(삼상 25:28).

얼마나 기이한가! 이 이야기에서 다윗은 다만 도적떼의 우두머리에 불과하다. 하지만 아비가일은 미래의 이야기를 알고 다윗을 알고 자신이 지금 관여하고 있는 이야기가 어떤 큰 이야기인가를 알고 있다. 야웨의 약속을 믿으면서 아비가일은 이 산적 두목이 왕이 될 것을 의심하지 않는다. 절박한 자기 이해 속에서 그녀는 다윗이 나발의 죽음에 연루되지 않고 구름 한 점 없이 맑은 마음으로 왕위에 이르는 것이 더욱 바람직할 것이라고 제안한다. 다윗에 대한 야웨의 선함과 신실함 때문에 다윗의 미래는 다윗이 저지르는 폭력으로써 보장될 필요가 없다(삼상 25:30).

> 공연히 사람을 죽이신다든지 몸소 원수를 갚으신다든지 하여 후회하시거나 마음에 걸리는 일이 없도록 하시기 바랍니다(삼상 25:31).

아비가일은 다윗이 왕이 되는 것을 확신한다. 똑같이 그녀는 다윗이 폭력과 복수에서 전혀 죄가 없는 왕이 되는 것이 더욱 낫다는 것을 확신한다. 실제로 이 서사에는 폭력이 있다. 다윗의 부상은 많은 폭력과 연결되어 있지만 그 폭력은 다윗의 것이 아니다. 다윗이 살인죄를 피하는 것은 신학적 문제이다.

또한 그것은 현실적인 정치적 필연성이다. 다윗은 살인죄로 자신의 통치를 시작할 수 없었다. 왜냐하면 그렇게 되면 통치는 불가능할 것이기 때문이다. 그 서사는 환경이 다윗의 편에서 서로 협력하여 어떻게 공모하는지를 말해준다.

그 서사의 주요 초점은 복수에 대한 야웨의 단속이다. 그 서사는 신학적 의도를 가지고 있다. 그러나 그 대위 형식으로서 왕조 예언의 전달자인 아비가일 역시 그 서사의 주요 대리자이다. 아비가일은 툭 던지는 말을 다음과 같이 덧붙인다.

> 주님께서 그처럼 좋은 일을 장군께 베풀어 주시는 날, 이 종을 기억해주시기 바랍니다(삼상 25:31).

이렇게 긴장이 오고가는 야웨의 설명에서 아비가일은 결정적이다. 야웨의 금지를 집행하는 자는 바로 그녀다. 다윗과 살인죄 사이에 서 있는 자는 바로 그녀다. 다윗 왕조의 미래를 말하는 자는 바로 그녀다. 마침내 다윗을 폭력 성향으로부터 구출하는 자는 바로 그녀다. 아비가일이 다윗의 미래에 대해 주장하는 것이 전혀 놀라운 일이 아니다. 왜냐하면 그녀는 다윗의 미래를 가능하게 했기 때문이다.

다윗은 아비가일의 논변에 설득되고 그녀의 구원을 감사히 여긴다. 다윗이 25:22에서 맹세한 살인 협박은 이제 그의 생각에서 사라졌다. 그의 생각은 아비가일의 개입으로 바뀌어졌다. 다윗의 야만성을 길들인 자는 아비가일이다. 그녀의 행동은 야웨의 행동으로 간주되었고 이로써 다윗은 실제로 자신이 표출한 야만성에서 멀어졌다. 다윗은 이제 권력으로 다가가는 더 좋은 다른 길을 감지한다. 그것은 아비가일에 의해 제시된 길, 주가 제정한 길이다.

24장과 26장에서 다윗의 고귀한 결심이 그랬듯이 25장에서 아비가일이 동일한 기능을 수행한다. 그녀는 다윗과 나발 사이에서 일어난 직접적 파괴적 대결을 깨뜨리는 기능을 수행한다. 그 플롯은 하나님의 통치의 확증에 의해서 부서진다. 왜냐하면 오직 야웨만이 원수를 갚아주실 것이기 때문이다.[12] 아비가일에 대한 다윗의 반응은 그의 상황을 아비가일이 새롭게 읽는 독법을 수용한

---

12 George M. Mendenhall, "The 'Vengeance' of Yahweh," *The Tenth Generation: The Origins of the Biblical Tradition* (Baltimore: John Hopkins University Press, 1973), 69-104. Mendenhall은 야웨의 "복수"가 실제로 주권을 유지하는 데 충분한 제재로서 포괄적인 통치를 질서정연하게 확증하는 것임을 보여주었다.

다는 사실을 가리킨다. 그는 이렇게 찬양으로 시작한다.

> 주 이스라엘의 하나님이 오늘 그대를 보내어 이렇게 만나게 하여 주셨으니 주님께 찬양을 드리오. 내가 오늘 사람을 죽이거나 나의 손으로 직접 원수를 갚지 않도록 그대가 나를 지켜 주었으니 슬기롭게 권면하여 준 그대에게도 감사하오. 하나님이 그대에게 복을 베풀어 주시기를 바라오(삼상 25:32-35).

25:34절은 25:22절에서 다윗이 품었던 의도를 되풀이한다. 아비가일 덕분에 다윗은 이제 나발에게 취하고자 한 행동이 미래를 몰수하는 불길한 징조의 것이었음을 깨닫는다. 다윗은 자신의 위험한 충동과 아비가일의 주목할 만한 개입 즉 야웨만이 하실 수 있는 일에 놀란다. 다윗은 축복과 보증으로 아비가일을 떠난다.

> 평안히 집으로 돌아가시오. 내가 그대의 말대로 할 터이니 걱정하지 마시오(삼상 25:35).

그 후 우리는 나발이 죽었다는 말을 듣는다(삼상 25:37).

그의 죽음은 놀라운 일이 아니다. 그는 다윗에 저항했고 이는 자신의 삶을 위험에 빠뜨리는 것을 확증했다. 나발의 심장은 멎었다. 열흘쯤 지났을 때 술잔치에서 먹고 마시고 놀다가 포식으로 죽었다. 야웨가 나발을 치셨다(삼상 25:38). 다윗은 자신의 미래를 안전하게 보장하는 행동을 취할 필요가 없다. 야웨가 다윗의 적대자들을 결정적으로 불가해하게 처리하고 있었다. 나발을 죽이겠다는 다윗의 맹세(삼상 25:22)와 아비가일의 말대로 하겠다는 아비가일과의 약속(삼상 25:35)은 성취되었다.

> 주님께서 그 원수를 갚아주시고 이 종이 직접 무슨 악을 행하지 않게 막아 주셨다. 주님께서는 나발이 저지른 죄악을 나발의 머리로 돌려보내 주셨다(삼상 25:39).

야웨는 다윗에게 다윗이 스스로 붙잡을 수 있거나 주도할 수 있는 것보다 더 나은 미래를 주시기 위해 움직이고 계셨다.

끝으로 다윗은 아비가일의 간청에 주의한다.

> 이 종을 기억해 주시기 바랍니다(삼상 25:31).

다윗은 이 간청을 기억한다. 다윗은 아비가일을 걱정하고 그녀를 맞이한다(삼상 25:39-40). 결과적으로 아비가일은 다윗에게 보내졌고 나발은 제거되었다. 하지만 그 플롯의 근저에는 기이하고 결정적인 야웨의 개입이 있었다. 야웨는 다윗과 나발 사이에 있는 서사의 절정이다. 야웨의 결정적이고도 은폐된 개입의 결과로서 나발은 파멸하고 다윗은 결백하게 보호된다. 나발은 죽어야 마땅했다. 왜냐하면 그는 다윗에 저항했기 때문이다. 그래서 그는 죽었다. 그러나 다윗은 살인하지 않았다.

이 세 가지 서사(24, 25, 26장)는 함께 공공 권력의 장악 또는 이양에서 정상적으로 동반하는 어려운 문제, 즉 폭력, 살인, 복수의 문제를 중심으로 다윗의 이야기에 초점을 맞춘다. 우리가 서사를 읽을 때 이러한 강조점을 놓쳤을 수도 있다. 그것은 두 가지 이유 때문이다. 즉 다윗을 살인죄로부터 보호하는 야웨의 숨겨진 복수 사역과 그 성경 본문을 습관적으로 안락하게 읽는 독법 때문이다.

이 서사들은 다윗이 그의 부하들(24장)과 아비새(26장)와 다윗 자신의 격분(25장)에 의해 충동질되는 살인 행위에 얼마나 가까이서 살아가는지를 보여준다. 다윗은 복수 가까이에 있다. 그러나 그는 갑자기 중지한다. 왜냐하면 그는 야웨의 최우선적인 목적을 확신하기 때문이다. 이 서사들은 다윗의 유혹과 결백을 확증한다. 그는 "모든 면에서 유혹을 받는" 사람이나 이 서사에서 적어도 "죄는 없다"(히 4:15 비교).

나는 여기서 "기독론적" 연관을 밀어붙이고 싶지 않다. 또한 나는 내레이터가 그러한 연관을 염두에 둔다는 것도 제안하고 싶지 않다. 그러나 비록 연출이라 해도 다윗이 엄격하게 무죄라는 방식으로 묘사되고 있다는 생각은 든다. 신약성경이 예수를 그와 동일한 방식으로 특징지을 때 그렇게 해서 나오는 주장은 절대적이게 되고 모든 서사적 연출성은 사라진다. 이러한 대조로 인해서 사람들은 다윗의 연출과 그 조형은 신약성경의 투명하고 고차적인 주장에 대한 필수적인 전신이 아니었을까 하고 생각한다.

이 세 가지 서사는 각각 두 가지 결정적인 확신에서

구조적이다. 동일한 확신이 이 세 서사 모두에게 있다.

(1) 다윗은 실로 권력을 받을 운명이다. 개개의 서사에서 이 확신은 다윗의 주요 서사 파트너의 입에서 나온다.

> **사울:** 나도 분명히 안다. 너는 틀림없이 왕이 될 것이고 이스라엘 나라가 네 손에서 굳게 설 것이다(24:20).
> **아비가일:** 장군께서는 언제나 주님의 전쟁만을 하셨으니 주님께서 틀림없이 장군님의 집을 영구히 세워주실 것입니다(25:28).
> **사울:** 나의 아들 다윗아, 하나님이 너에게 복 주시기를 바란다. 너는 참으로 일을 해낼 만한 사람이니 매사에 형통하기를 바란다(26:25).

다윗에게 저항하는 사람조차도 다윗의 미래를 이렇게 인정한다. 이런 방식으로 서사는 다윗의 운명이 왕이라는 것을 더 큰 규모의 이야기로 표현하는 데 이바지한다.

(2) 예상하지 못한 두 번째 확신은 다윗의 결백이다. 다윗은 죄로 방해 받지 않을 왕권에 도달할 것이다.

> **사울**: 나는 너를 괴롭혔는데 너는 내게 이렇게 잘 해
> 주었으니 네가 나보다 의로운 사람이다(24:17).
>
> **아비가일**: 공연히 사람을 죽이신다든지 몸소 원수를
> 갚으신다든지 하여 왕이 되실 때에 후회하시거
> 나 마음에 걸리는 일이 없도록 하시기 바랍니
> 다(25:31).
>
> **다윗**: 주님께서 각 사람에게 그 공의와 진실을 따라
> 갚아 주시기를 바랍니다. 주님께서 오늘 임금님
> 을 나의 손에 넘겨 주셨지만 나는 주님께서 기
> 름부어 세우신 임금님께 손을 대지 않았습니다
> (26:23; 26:21에 나오는 사울의 평행적 논평 참조).

다윗은 의롭다(*saddiq*, 삼상 24:17; 26:23). 다윗은 살인죄와 복수를 행하지 못하도록 막아졌다(삼상 25:26). 다윗은 권력에 가까이 감에 따라 결백하다.

4. 살인죄 거부하기

두 번째 무리의 서사에서 살인죄, 폭력, 결백의 문제는 다윗에게 더 큰 문제이다. 사무엘하 1-4장에서 다윗

은 권력에 훨씬 더 가까이 있다. 사울은 죽었고 사울의 정치적 운동은 붕괴의 마지막 단계에 있다. 우리는 사울의 죽음(1장), 사울의 장군인 아브넬의 죽음(3장), 사울의 아들이자 상속자 이스보셋의 죽음(4장)을 급히 연속적으로 알게 된다.[13] 사울, 아브넬, 이스보셋의 이 세 죽음은 주제상 뚜렷한 유사성과 공통성을 지닌다. 이 서사에서 이루어진 그 죽음은 다윗의 처지에서 좋은 것이다.[14] 그 각각은 다윗과 쉽게 연루되고 살해 혐의가 있을 수 있다. 하지만 개개의 경우에 다윗의 결백을 주장하면서 역으로 살해 진범을 확인해서 공개적으로 설명하는 정교한 서사가 제공된다.

---

13 이 세 죽음에 관한 서사의 중간쯤에 스루야의 아들 아사헬의 살해가 보고된다(삼하 2). 그러나 이 살인은 우리의 연구에 관한 주제가 아니다. 왜냐하면 다윗은 이 살인과 관련이 있거나 그에 관해 면소되어야 할 필요가 있는 것으로 생각되지 않기 때문이다.

14 아브넬의 죽음은 실로 다윗의 강력한 장애물을 제거하는 것이다. 왜냐하면 아브넬은 사울 운동 진영의 주요 세력이기 때문이다. 하지만 아브넬은 장애물로서 나타나지만 다윗에 합한 뜻, 즉 다윗을 위한 소중한 도구로서도 나타난다. 따라서 아브넬의 경우에 우리는 비록 그의 죽음이 다윗의 처지에서 좋은 차원이 없는 것은 아니지만 좋은 죽음이었다는 점을 애매성 없이 진술할 수는 없다.

1) 사울의 죽음: 사무엘하 1장[15]

이 서사는 죽음의 소식이 전해지는 패턴을 설립한다. 어떤 사람(아말렉 사람)이 다윗의 진영으로 온다(삼하 1:2). 그는 사울과 요나단의 죽음을 보고한다(삼하 1:4). 다그쳐 물으니 그는 자신이 사울을 죽였다고 주장한다(삼하 1:10). 그는 사울을 죽이면 다윗에게 좋은 일을 한 것이라고 생각하고 사울의 왕관과 그 왕위의 상징인 팔찌를 다윗에게 자랑스럽게 가져온다.

그러나 그 사람은 다윗을 오산했고 오해했다. 사울의 죽음을 듣자마자 다윗은 즉각적으로 애통해 했다(삼하 1:11-12). 다윗은 그 사람을 맹렬하게 심문했다.

> 네가 어떻게 감히 겁도 없이 손을 들어서 주님께서

---

15 나는 삼하 1장의 사울의 죽음을 3장, 4장의 다른 죽음의 문학적 대응물로 취급하고 있다. 대부분의 학자들이 삼상 31장에 최초 보고된 사울의 죽음은 신뢰하지만 삼하 1장의 보고는 역사적으로 정확한 것으로 보지 않는다는 점에 유의하는 것은 중요하다. 그것이 어떻다고 할지라도 1장의 문학적 제시는 3장, 4장의 그것과 평행적인 것이다. 게다가 1장 그 자체에는 아말렉 사람의 보고가 위조로 간주된다는 것을 암시하는 아무런 기미도 없다.

기름을 부어서 세우신 분을 살해하였느냐?(삼하 1:14)

그 사람이 대답할 어떤 기회도 주어지지 않는다. 다윗은 주저하지 않고 즉각적으로 자신의 부하에게 그 침입자를 죽이라고 명령한다. 다윗의 선고는 분명하고 애매하지 않다.

가까이 가서 그를 쳐죽여라(삼하 1:15).
네 피가 네 머리로 돌아갈지어다 네 입이 네게 대하여 증언하기를 내가 여호와의 기름 부음 받은 자를 죽였노라 함이니라(삼하 1:16).

다윗의 신속하고 단호한 행동은 분명하게 사울의 죽음에 대한 살인죄의 선고이다. 그러한 죄에 대한 의문과 자기 사이에 거리를 두게 하면서 다윗은 슬픔을 웅변적으로 보여주어서 그 죽음이 바로 자기의 것과 같은 것으로 확인한다. 따라서 이 서사에서 슬픔은 완벽하게 신뢰할 수 있는 반응으로서 유죄를 부인하는 결백의 한 짝으로 나타난다. 다윗은 슬픔을 웅변적으로 보여주고 공중 앞에서 슬퍼한다(삼하 1:19-27). 살인죄를 아말렉 사람에게 선고하는 행동과 슬퍼하는 행동, 이 두 행동은 다윗이 사울의 죽음에 연루되어 있지 않고 깨끗하다는 것을 지지한다.

2) 아브넬의 죽음: 사무엘하 3장

우리는 사무엘하 3:1에서 다윗이 "점점 더 강해지고" 사울 진영 운동이 점점 더 실패한다는 말을 듣는다. 사울 집안과 사울의 다윗에 대한 위협은 더 이상 남아 있지 않고 나약한 이스보셋과 사울 운동의 실세이자 사령탑인 아브넬이 있을 뿐이다. 아브넬은 이스보셋의 장군이다. 사무엘하 3:6-10에서 아브넬은 이스보셋에게 도전하는데 처음에는 사울 왕의 후궁을 취하는 극적 행동을 통해서, 그리고 나중에는 비난을 받자 권력을 다윗에게 넘겨주고 그에게 충성을 바치겠다는 대담한 도전과 맹세를 통해서이다(삼하 3:9-10).

아브넬은 다윗을 대항하는 사울 집안의 주요 인물을 대변하고 그를 포획하려는 데 있어 도구이다. 다윗에게로 넘어가면서 아브넬은 야웨가 다윗에게 이미 실제로 약속한 것을 이행하고 있을 뿐이라고 주장한다(삼하 3:9). 아브넬은 다만 야웨의 결의를 수행하고 있다고 주장할 뿐이다. 야웨의 결의가 이스보셋에 대한 아브넬 자신의 뻔뻔한 도전에 그토록 편리하게 적중하는 것은 그야말로 안성맞춤의 일이다. 아브넬은 강하고 위험했기 때문에 아브넬의 도전 앞에 이스보셋은 침묵할 수밖에 없다(삼하 3:11).

아브넬은 다윗과 협상한다(삼하 3:12-13a). 아브넬은 야웨의 의도를 수행하고 있을지 모른다. 그러나 사울 진영에서 보면 아브넬은 틀림없이 배반자이다. 다윗은 아브넬의 충성 언약을 시험한다. 그것은 신의의 표시로서 자기 아내 미갈, 사울의 딸을 돌려달라고 요구하는 것이다. 아브넬은 그 시험을 통과한다. 아내는 복귀한다(삼하 3:13b-16). 아브넬과 다윗, 북 이스라엘과 남 유다, 구체제와 새로운 정파 사이의 미묘한 협상은 성공적이다. 다윗은 자신이 권력을 견고하게 구축하는 데 아브넬이 극히 유용하다는 것을 안다(삼하 3:17-19).

내레이터는 아브넬이 다윗 궁전을 떠날 때 어떤 상태인가를 정확하게 확립하고 반복하는 데 많은 공을 들인다. 내레이터는 아브넬이 다윗을 떠날 때 평안히 갔다는 주장을 세 번이나 주의 깊게 기록한다.

> 그가 평안히 떠나갔다…그가 무사하게 그곳을 떠나갔기 때문이다…그가 무사하게 이곳을 떠나갔습니다 (삼하 3:21-23).

이 구절을 자세하게 들여다봄으로써 내레이터는 아브넬의 상태가 어떻다는 것을 정확하게 보여주기를 원한다. 내레이터는 다윗의 편에 서는 증인을 바르게 세우고 그렇게 되어도 아브넬이 다윗을 떠날 때 해를 입지 않고 방해를 받지 않는다는 것을 보여주기 원한다. 만일 아브넬이 상해를 당해도 그 상해는 다윗과 함께한 일이 끝나고 난 이후의 일이다. 나중에 그가 살해되었을 때 다윗은 거기에 없었다. 요압이 거기에 버티고 있었고 연루되어 있었다. 다윗과 함께하는 아브넬 그리고 요압과 함께하는 아브넬을 서로 구분해 주는 것은 다윗이 나중에 한 말(삼하 3:28-29)에 의해서일 뿐만 아니라 내레이터의 "객관적" 보고에 의해서도 확립된다. 이렇게 아브넬의 "평안"은 다윗의 결백과 연결되어 있다.

요압은 다윗의 에드윈 미스(Edwin Meese, 로널드 레이건 행정부의 법무장관)이다. 요압은 다윗과 아브넬의 협상 소식을 듣고는 분노했다. 그는 틀림없이 아브넬을 자신의 우월한 지위를 위협하는 것으로 인지했다. 왜냐하면 그는 아브넬의 의도나 동기를 신뢰하지 않기 때문이다(삼하 3:24-25). 언제나 다윗에게 가장 이익이 되는 것이라고 생각하는 것을 추구하는 요압은 신속하고 단호하다. 그는 아브넬을 죽인다(삼하 3:27). 그렇게 함으로써 그는 다윗이 의도하는 북 왕국 기획 전체를 위험에 빠뜨린다. 그러나 우리의 관심은 그 살해에 대한 다윗의 두 가지 반응에 관한 것이다.

첫째, 다윗은 공개적으로 그 살인에 대한 죄를 확정한다.

> 넬의 아들 아브넬이 암살당하였으나 나와 나의 나라는 주님 앞에 아무 죄가 없다. 오직 그 죄는 요압의 머리와 그 아버지의 온 집안으로 돌아갈 것이다. 앞으로 요압의 집안에서는 고름을 흘리는 병자와, 나

> 병환자와, 지팡이를 짚고 다니는 다리 저는 사람과,
> 칼을 맞아 죽는 자들과, 굶어 죽는 사람이 끊어지지
> 않을 것이다(삼하 3:28-29).

이것은 믿을 수 없을 정도로 악독한 총체적 저주이다. 저주의 깊이는 아브넬의 중요성, 북왕국에서 차지하는 그의 정치력, 그리고 아브넬이 다윗에게 기여하는 잠재적 유용성에 비례한다.

둘째, 다윗의 저주는 그가 공개적으로 보여주는 슬픔과 연결된다(삼하 3:31-39). 다윗은 기를 내리고 슬픔을 주도하고 국가 장례를 지낸다. 무엇보다도 그는 요압에게 공식 장례에 참석할 것을 요구한다. 왜냐하면 "오늘 이스라엘에서 훌륭한 장군이 죽었"(삼하 3:31, 38)기 때문이다. 3장 끝에 가서 다윗은 홀로 다음과 같이 말한다.

> 주님께서 그 죄악에 따라 갚아 주시기만을 바랄 뿐이오(삼하 3:39).

자기 이익을 도모하는 말을 할 때 다윗이 겨냥하는 것

은 "행악자"인 요압이다. 다윗이 이렇게 자신 있는 경건을 보여주는 것은 좋은 정치이다. 왜냐하면 그는 자기 이익을 도모하는 요압의 살인으로부터 거리를 둘 수 있기 때문이다. 그와 같은 진술이라면 요압은 마땅히 즉시 처형되어야 한다. 하지만 아마도 실제적 이유에서 처형되지 않는다. 즉 요압은 매우 중요하고 강한 인물이다.

그러나 다윗과 내레이터는 오랫동안 지속해 온 기억을 가지고 있다(왕상 1:5-7; 2:28-34). 정당한 보복은 많은 세월을 요할지도 모른다. 하지만 그것은 확실한 것이고 서사는 매우 끈기 있게 기다린다. 거듭, 정치적 동기에도 불구하고 내레이터는 다윗의 말을 사용해서 아브넬의 죽음을 도덕적 보복의 틀 속에 자리 잡게 한다. 다윗은 이러한 죽음이 일어나는 세상에서 이 세상의 도덕적 일관성을 인정하는 데는 견실하다. 아브넬의 죽음에는 대가가 있어야 한다. 하지만 지불하는 자는 다윗은 아닐 것이다.

3) 이스보셋의 죽음: 사무엘하 4장

이스보셋의 죽음은 거의 예언되어 있고 점강법적이다. 그것은 내레이터가 사울 진영이 마침내 모든 것을 어떻게 잃어버리는가를 말하려고 기다리고 있는 것과 같다. 아브넬이 없으면 이스보셋은 정치적으로 군사적으로 아무런 유관성이 없다. 그러나 다윗은 사울 집안의 자손을 존중하기로 한 요나단과의 맹세를 확실히 했다. 그래서 다윗은 권력의 마지막 장애물을 파멸시킬 수 없다(삼상 20:12-17).

그러나 다윗의 맹세에도 불구하고 이스보셋은 살해된다. 다윗의 젊은 두 사람이 다윗의 상황에 맞는 또 다른 죽음을 집행한다(삼하 4:5-7). 이스보셋의 죽음은 폭력적이다. "그들은 죽였다…죽이고…머리를 잘라 내었다." 그 두 사람은 이스보셋의 머리를 전리품으로 다윗에게로 들고 간다(삼하 4:7-8). 1장에 나오는 아말렉 사람처럼 그들은 다윗에게 좋은 일을 한다고 생각하고 보상은 아니더라도 칭찬을 기대한다. 그들은 자축하면서 머리를 다윗에게 내놓으며 그들이 한 일은 야웨의 복수라고 말한다.

> 주님께서 높으신 임금님을 도우시려고 오늘에야 사울과 그 자손에게 벌을 내려서 원수를 갚아 주셨습니다(삼하 4:8).

이 죽음은 사실상 다윗이 지금 당장 필요로 하는 마지막 일이다. 아브넬이 없으니 다윗은 이미 사울 진영을 이기고 있었다. 그는 사울에 대한 미련의 감정을 멀리하지 않아도 되었다. 다윗은 바로 직전에 있었던 죽음을 뒤로 하고 정치적 미래를 내다보고 있었고 그리하여 그 두 사람의 조롱하는 표출에 다음과 같이 반응한다.

> 온갖 죽을 고비에서 나의 생명을 건져 주신 확실히 살아 계신 주님을 두고 맹세한다. 전에 사울이 죽었다는 소식을 나에게 전해주고 자기는 좋은 소식을 전한 것으로 여긴 자가 있었다. 나는 그를 붙잡아서 시글락에서 죽였다. 이것이 내가 그에게 준 보상이었다. 하물며 흉악한 자들이 자기 집 침상에서 잠자는 어진 사람을 죽였으니 내가 어찌 너희의 살인죄를 벌하지 않을 수가 있겠느냐? 그러므로 나는 이제 너희를 이 땅에서 없애버리겠다(삼하 4:9-11).

다윗은 그 살인자들의 죄를 전시하고자 그들을 죽인 다음 그들의 주검을 공개적으로 달아 매었다(삼하 4:12). 이 서사에서 다윗의 무죄를 보여주는 대응물은 정교하지는 않지만 현존한다. 다윗은 이스보셋의 머리를 고이 가져다가 헤브론에 묻었다(삼하 4:12).

이 세 죽음을 말하는 과정에서 내레이터는 다윗으로 하여금 과거보다 정치적으로 더 강해지고 신학적으로 더 변호되게끔 부각시켰다. 적어도 이 서사에서 다윗은 전혀 개인적으로 혐의를 받는 일 없이 이 세 죽음을 다루어 왔다. 공적이고 형벌적인 용어로 무죄를 반복적으로 주장하고 범인을 확인할 필요가 있다는 것은 그 죽음들이 다윗과 그 미래의 잠재적 위험이라는 것을 가리킨다. 각각의 경우에 살인죄가 명시적으로 지정된다.

> 네가 죽는 것은 너의 탓이다(삼하 1:16).
> 넬의 아들 아브넬이 암살당하였으나 나와 나의 나라는 주님 앞에 아무 죄가 없다. 오직 그 죄는 요압의 머리로 돌아갈 것이다(삼하 3:28-29).
> 내가 너희의 살인죄를 벌하지 않을 수가 있겠느냐? (삼하 4:11).

왕위는 피와 폭력에 의존한다. 그러나 그 폭력은 다윗의 행위에 의한 것이 아니다. 매번 살인은 자기가 야웨의 의도에 충성하고 있다거나 수행하고 있다고 생각하는 어떤 다른 사람에 의해서 행해진다. 서사는 살인죄의 문제에 막대한 주의를 기울이고 있다.

5. 다시 한 번 무죄방면

이렇게 사무엘상 24-26장과 사무엘하 1-4장이 두 번 순환하는 것은 주제적으로 분류되어 배치되는 방식을 통해서 이루어지는 것임이 분명하다. 이 두 순환은 다윗을 위한 대의를 추진한다. 내가 보여준 대로 그 둘은 폭력, 살인, 복수의 유혹을 받는 다윗과 얽혀 있다.

사무엘상 24-26장에서 다윗이 사울도 나발도 침해하지 않음에 따라 폭력과 복수는 저항을 받는다. 사무엘하 1-4장에서 거창한 유혈의 참사가 있고 따라서 죄가 있는데 죄는 다윗에게 지정될 수 없다. 살인죄는 저항을 받아 거부되고 다윗은 그 치명적 위험을 아슬아슬하게 피해간다. 다윗이 죄를 피해간다는 것이 그 서사의 의도임이 분명하다.

그러나 그 서사가 다윗의 동시대인들 사이에 퍼져 있는 여론을 설득하기에 충분하지 않다는 점을 암시하는 징후가 있다. 사무엘하 16:8에서 다윗이 주의 깊게 자기 이익을 도모하는 선전이 완전하게 성공한 것은 아니라는 점을 시사하는 단신이 나온다. 시므이는 사울을 위한 대의에 충성한 늙은 심복인데 다윗 반대 여론의 목소리를 열정적으로 들려준다. 그는 다윗을 향해 외친다.

> 영영 가거라! 이 피비린내 나는 살인자야! 이 불한당 같은 자야! 네가 사울의 집안사람을 다 죽이고 그의 나라를 차지하였으나 이제는 주님께서 그 피 값을 모두 너에게 갚으신다. 이제는 주님께서 이 나라를 너의 아들 압살롬의 손에 넘겨주셨다. 이런 형벌은 너와 같은 살인자가 마땅히 받아야 할 재앙이다 (삼하 16:7-8).

다윗은 이제 권력에 도달했다. 내레이터는 다윗을 위하는 하나님의 굳건한 결의 때문에 다윗이 권력에 도달했다고 주장하기를 원한다.

그러나 내레이터는 다윗의 권력 장악을 매우 다르게 보는 실권자(loser)의 공개적인 반응에 완전하게 침묵할 수 없다.[16] 다윗과 다윗 집안은 실권자에게 침묵을 강제하고 싶다(삼하 16:9). 그러나 내레이터는 그러한 침묵을 허락하지 않을 것이다. 그 서사에는 신학적 실재론이 있다. 야만성이 자행될 때 심지어 사랑받는 다윗에 의해서 자행될 때도 그것은 좀처럼 죽지 않고 보상을 외친다. 실권자는 실권자답게 자기 고통과 관련해서 은폐된 섭리를 비난하지 않지만 폭력을 범하는 역사적 대리자를 거명한다. 다윗조차도 그 희생양의 답 없는 주장을 말소할 수 없다.

시므이의 목소리는 다윗이 정신이 아니라 살과 피로, 야웨의 이름이 아니라 칼과 창과 투창으로 권력에 도달했다는 이스라엘의 생생한 의견이다(삼상 17:45와 대비). 다

---

16 David M. Gunn, "David and the Gift of the Kingdom, 2 Sam 2-4, 9-20, 1 Kgs. 1-2," *Semeia* 3 (1975): 14-45. Gunn은 다윗의 서사에서 "은사"와 "장악"의 변증법을 멋지게 명확히 한다. 전체적으로 Gunn이 주장하는 대로 다윗은 선물의 소산이다. 그러나 장악의 요소가 서사에서 완전히 부재하는 것은 아니다.

윗의 왕위는 시므이의 주장대로라면 하나님의 섭리의 선물이 아니라 난폭한 야만적 힘의 작용이다. 시므이의 목소리가 중요한 것은 친다윗적인 "공식" 서사가 이스라엘을 완전하게 설득하지 못했다는 것을 증거하기 때문이다. 다윗은 아직도 설득력 있는 무죄방면을 필요로 한다.

우리가 고찰한 다윗의 서사는 이스라엘이 흘린 피로부터 다윗의 결백을 유지하는 데 공을 들인다. 하지만 고대 이스라엘에는 다윗과 그의 권력 체제의 확립에 관해 의심의 잔여물이 남아 있었음에 틀림없다. 나는 사무엘상 27-30장에 나오는 서사가 다윗에게 지속적으로 요구되었던 무죄방면의 필요를 해결하기 위해서 형성된 것이라는 의견을 제출하는 바이다. 이 서사의 순환은 다윗이 블레셋 지역에 체류하는 것과 관계된다.

사울을 피해 다니는 도망자로서 다윗은 이스라엘의 거대하고 영원한 원수인 블레셋 사람과 동맹하는 위험한 게임을 벌인다. 다윗은 큰돈을 노리고 게임을 벌이는 도박사이다. 왜냐하면 모든 에피소드가 반역을 무릅쓰는 적과의 협력을 감당하기 때문이다. 다윗이 그러한 동맹을 했다는 사실 자체는 그의 목숨과 활동이 얼마나 위험한지, 사울의 추적 앞에 자신이 선택할 수 있는 길이 얼마나 적은지를 가리키는 것이다.

이 서사의 긴장은 사무엘상 27장에 나오는 세 가지 논점에 의지한다.

첫째, 다윗은 이스라엘의 전통 적수인 그술 사람, 기르스 사람, 아말렉 사람을 습격한다(삼상 27:8). 여기에 이스라엘에 반하는 것은 아무것도 없다. 다윗은 이 습격에서 무자비하고 포로도 취하지 않고 증인도 남겨두지 않는다.

둘째, 다윗은 자신이 믿는 블레셋 주인 아기스에게 거짓말을 한다(삼상 27:10). 다윗은 아기스에게 자신이 이스라엘의 원수를 습격한다고 말하지 않는다. 오히려 그는 자기 주인에게 자신은 이스라엘 측과 동맹한 유다 지역, 여라무엘 족속, 겐 족속을 습격한다고 거짓말을 한다. 습격의 실제적 대상(삼상 27:8)과 보고하는 대상(삼상 27:10) 사이의 불일치는 후속하는 서사에서 중요한 것이다.

셋째, 이 기만이 서사의 쐐기이다. 다윗은 유다의 충복들과 양립할 수 있는 방법으로 습격한다. 다윗은 자신의 이스라엘의 지지자층을 보살피고 블레셋 사람을 기쁘게 하기 위해 그 지지자층에게 위험을 가하지 않고자 한다. 하지만 다윗은 아기스에게 자신이 자기 민족에 반대하는 행동을 하는 인물로 대변한다. 이러한 오도된 정보를 기초로 해서 아기스는 블레셋 사람들에게 다윗은 신뢰할 수 있는 인물이라고 결론내린다. 왜냐하면 다윗은 이스라엘이 몹시 미워하는 인물이 됨으로써 갈 곳이 달리 없기 때문이다(삼상 27:12). 그 서사는 이와 같이 진중하고 정교하며 효과적인 거짓으로 진행한다.

이러한 이중 행동 게임에서 다윗에게 위험스러운 일이 사무엘상 28:1-2에서 증대한다. 즉 블레셋 사람이 이스라엘 사람과 전쟁을 벌이려는 것이다. 그 두 민족 사이에 직접적 갈등이 없는 한 다윗은 공개적인 위험이나 공적인 결심 없이도 빠져나갈 수 있었다. 그러나 이제 이스라엘과 블레셋 간의 전쟁이 있을 것이고 다윗은 결정해야 한다. 즉 그는 블레셋 편을 들어 자기 민족의 원수로서 보여지거나 아니면 자기 민족과 싸우는 것을 거부하고 블레셋 사람에게서 떠나거나 해야 한다.

다윗이 맞이하는 위험이 크게 증대하는 것은 아기스가 다윗을 자신의 경호대장으로 승격시키고 이로써 크게 노출될 때이다(삼상 28:1-2). 경호대장으로서 다윗은 아기스의 특별 신임을 받고 있지만 요주의 인물로서 감시를 받고 있다. 삼상 28:2에서 다윗은 이 특별 임무에 동의한다.

서사는 잠시 지체한다. 우리는 사울이 죽은 사무엘과 마지막 필사의 만남을 꾀하는 동안 막간에 처해진다(삼상 28:3-25). 이 서사는 죽은 사무엘의 분명한 평결에서 단호하게 말한다.

> 주님께서는 이 나라의 왕위를 당신의 손에서 빼앗아 당신의 가까이에 있는 다윗에게 주셨소(삼상 28:17).[17]

이제 그 서사는 급격히 사울의 파멸로 굳어지는 데로 발전하고 다윗이 건곤일척의 상황에 놓이게 되는 것으로 정리된다. 아마도 왕위는 사무엘이 공포한 대로 최종

---

17 삼상 28:17은 삼상 13:14를 의도적으로 다시 참조하는 것임이 확실하다. 먼저 나온 그 구절에서 다윗은 명시적으로 거명되지 않지만 넌지시 암시된다. 나중 나온 구절에 의해서 그 서사는 충분히 전진하여 정치적 예술적 이유에 의거해서 다윗을 명시화하여 지정하기에 이른다.

적으로 다윗에게 이양될 것이다. 그러나 그와 동시에 다윗의 범상치 않은 행운은 다한 것처럼 보일 것이다.[18] 블레셋과 함께한 다윗은 빠져 나갈 길이 없는 것처럼 보였다. 사무엘의 공포와 다윗의 환경 사이의 긴장이 예각화된다. 우리는 기껏해야 사무엘의 강력한 확정에 기초해서 야웨가 다윗을 구출하기 위해 개입할 것이라는 정도로 예상할 뿐이다.

다윗과 아기스가 사무엘상 29장에서 대화를 재개할 때 이전에 알려진 바 없는 예상 밖의 새로운 목소리가 그 서사에 등장한다. 그것은 블레셋 사람의 지휘관 즉 블레셋 권력 구조에서 높은 자리를 차지하는 사령관의 목소리이다(삼상 29:2-3). 아기스는 지휘관들이 복종하는 권위 있는 인물인 것으로 드러난다.

대사령관들은 지략이 있고 분별력이 있다. 아기스와 달

---

18 Lore Segal, "II Samuel," in *Congregation: Contemporary Writers Read the Jewish Bible*, ed. David Rosenberg (New York: Harcourt Brace Jovanovich, 1987), 108; 이 기묘한 이야기에서 그는 다음과 같은 인물로 만들어진다. 즉 다윗은 세상의 행운을 가져오는 하나님의 은총을 받는 의로운 사람이자 그 행운이 시간을 다해서 곧 종료가 되는 의로운 사람이다.

리 대사령관들은 다윗을 쉽게 받아들이지 못한다. 그들은 다윗을 아주 많이 의심한다. 왜냐하면 그들은 "사울은 수천 명을 죽이고 다윗은 수만 명을 죽였다"(삼상 29:4-5)는 첩보를 받았기 때문이다. 그들은 다윗이 이스라엘에서 인기를 누리는 인물이기 때문에 블레셋에 매우 위험하다고 결론내린다. 따라서 다윗은 이스라엘을 공격하는 블레셋을 위해 싸우지 않을 것이고 배신할지 모른다고 여긴다.

우리는 딜레마에 빠진 다윗을 야웨가 구원할 것이라고 상상했다. 그러나 야웨는 이 서사에서 완전히 부재한다. 실제적인 정치적 사건이 스스로 완수되도록 한다. 이 에피소드는 그 자체로 보면 전적으로 인간 드라마이다. 맥락으로 보면 하나님은 그 서사에서 표면적으로는 부재한다. 그 서사는 다윗의 미래가 위험해질 때마다 야웨의 권능이 멀리 있지 않다는 판단에 대해서 우리가 마음의 준비를 갖추도록 한다.

따라서 우리는 이 에피소드에 있는 야웨의 부재는 심층적인 은폐된 현존 방식이라는 것을 기대한다. 그 서사는 순수 정치이다. 다윗은 아기스에 반대하는 블레셋 장군의 현명한 의심에 의해서만 구제된다. 다윗의 구원은 그가 하나님의 메시아라서가 아니라 그가 잠재적 배반자이기 때문이다. 다윗이 자신의 딜레마에서 구원되는 것은 싸우러 나가지 못하도록 블레셋 사람이 거부했기 때문이고 그렇다면 야웨의 섭리는 항상 숨겨져 있는 셈이다.

아기스는 중도적 인물이다. 그는 개인적으로 다윗에게 신실하고 다윗의 신뢰성을 믿고 다윗의 거짓을 참으로 받아들인다. 그러나 아기스는 다윗에 대한 자신의 확신이나 신실함에 따라 행동할 수 없다. 그는 리더십을 무시할 수 없고 따라서 그들의 결정을 수용해야 한다.

이제 아기스는 그의 지휘관들에 의해서 견고하게 제어되었다. 그렇지만 그는 여전히 이 서사에서 중요한 기능을 맡고 있다. 세 번이나 그는 다윗의 결백을 주장한다.

첫째, 아기스는 지휘관들에게 증언한다.

> 오늘까지 나는 그에게서 아무런 허물도 찾지 못하였소(삼상 29:3).

둘째, 아기스는 다윗에게 동일한 말을 한다.

> 나에게로 온 날부터 오늘까지 나는 장군에게서 아무런 허물도 찾지 못하였소(삼상 29:6).

셋째, 다윗이 해산하라는 아기스의 명에 항의하듯 말할 때 아기스는 세 번째로 말하게 된다.

> 장군이 정직하다는 것을 나는 잘 아오. 나는 장군을 하나님의 천사처럼 여기오. 그런데…(삼상 29:9).

다윗은 블레셋 사람과 함께 싸우러 나가도록 허락되지 않는다. 다윗은 전장에서 멀리 떨어진 시글락으로 안전하게 돌아간다(삼상 29:11-30:1). 다윗은 위험에 처한 위기의 순간에서 벗어난다. 다윗은 부지불식간 블레셋 사람의 개입으로 맞닥뜨린 무서운 선택으로부터 구원 받는다. 이 개입 때까지는 다윗은 자기 민족과 싸우는 블레셋 사람 편을 들어야 하거나 아니면 블레셋 사람에 의해서 적으로 간주되어 제거되거나 해야 했다. 그러나 이제 그 위기는 지나 갔고 그는 선택하지 않아도 된다.

내가 제시하는 것은 이 기이한 예상 밖의 일로 다윗이 사무엘하 24-26장에서 피했고 사무엘하 1-4장에서 거부된 살인죄가 요구한 바 있었던 수사학적 무죄방면을 추가로 더 받게 되었다는 것이다. 따라서 사무엘상 29장에 나오는 아기스의 삼중적 무죄방면 공식은 그 서사에서 블레셋 에피소드보다 훨씬 더 큰 목표를 가지고 있다. 그 무죄방면 공식은 사울과 나발에 관해서(삼상 24-26), 그리고 사울, 아브넬, 이스보셋에 관해서(삼하 1-4) 다윗을 확증하고자 서사 전체를 선회하고 있다. 요컨대 "그 사람은 아무 죄가 없다."

이 평결은 시므이의 목소리를 통해서 들려주는 사울 진영의 오래된 혐의에 대해서 수사학적으로 보여주는 반응이다. 다윗은 죄가 없는 사람이다. 아무도 그를 반대하는 증거를 발견하지 못했다. 그의 무죄는 부지 중에 바로 곧이 듣고 믿는 블레셋 사람의 입술에 의해서 입증된다.

그러나 그것은 어떤 종류의 방면인가? 그것은 사법적 무죄방면은 아니다. 그것은 서사적 무죄방면인데, 똑바르고 명확한 것이 아니라 다윗에게 항상 따르는 바, 연출과 성가심과 유혹과 초대와 같은 종류의 눈감아 주는 애매한 것이다.[19] 그 무죄방면은 이스라엘의 서사적 상상력에서 암시적이고 양면적인 방식으로 운영된다.

표면적으로 다윗은 무죄방면된다. 아기스는 자신이 세 번 말하는 것을 진심으로 의도한다. 아기스가 함께하는 그 공적인 사실에 의하면 그 방면은 진정성이 있다. 그러나 우리는 아기스가 아는 것보다 더 많이 안다. 우리는 다윗이 이중 거래자라는 것, 그래서 실제로 죄가 있다는 것을 안다. 따라서 다윗은 표면으로 보면 무죄이지만 명백히 유죄이다.

그러나 우리는 이 애매성의 배후로 더 들어가서 한 단계 더 나아갈 수 있다. 그 이야기는 블레셋 사람이 듣기 위한 것이 아니다. 실제로 다윗이 블레셋 규범에 따라 무죄냐 유죄냐 하는 것은 그 서사 그리고 마음에 두고

---

19 따라서 삼상 29장은 다윗의 죄와 무죄의 문제를 고도의 아이러니로서 제시하고 그리하여 말해지는 것과 의도되는 것은 긴장 관계에 있다. 성경에 나오는 서사의 아이러니 차원은 다음을 참조. Gail R. O'Day, *Revelation in the Fourth Gospel: Narrative Mode and Theological Claim* (Philadelphia: Fortress Press, 1986).

있는 이스라엘 청중과는 아무런 관련성이 없다. 이 이스라엘 사람의 귀에는 다윗이 블레셋 사람에게 거짓말을 했는지, 반역했는지는 전혀 문제가 아니었다.

만약 그가 적을 정말로 속였다면 그 때문에 그것은 다윗에게 더 좋은 것이다. 이스라엘은 다윗이 블레셋 사람을 속였다는 것을 알면 마음이 편안하고 즐거울 수 있다. 다윗이 블레셋 사람에게 죄를 지은 이 이중성 때문에 사실상 이스라엘은 다윗을 추천할 수 있고 다윗은 대담하게 강제적으로 죄가 없게 되고 그렇게 되는 척도는 사소한 도덕성이 아니라 거만한 적을 무찌르는 **뻔뻔함과 배짱**이다.[20]

서사에서 다윗의 무죄는 절대적 규범에 따르는 것이

---

20 따라서 다윗-골리앗 서사는 "블레셋 문제"에 대한 다윗의 정복 패러다임으로 사용된다. 삼상 17장의 서사는 다윗 이야기의 첫 부분에 잘 배치되어 있다. 다윗이 역사적으로 골리앗과 연결되는지 아닌지는(삼하 21:19) 아무런 관련이 없다. 왜냐하면 전승 형성 과정은 이 승리의 주위에 있는 이스라엘에 대해 다윗이라는 인물에 대한 영속적이고도 공개적인 필요를 명확히 표현했기 때문이다. 이스라엘은 다윗에 대해서 달리 무언가를 알고 있다고 해도 그가 권능과 용기로가 아니라 책략과 기만으로 블레셋을 다룰 수 있다는 것을 안다.

아니라 이스라엘의 복지와 미래와 하나님의 통치에 따르는 것이다. 이것은 이방인으로 무시된 블레셋 사람을 앞지르고 뛰어넘는 것을 요구한다.

이와 같이 아기스는 결국 속임을 당하고 정확한 자료도 없이 다윗에 대해서 곧바로 그렇게 생각한다. 아기스가 자신이 이해할 수 없었던 (그는 이스라엘의 신앙에 접근하는 통로가 없기 때문에) 이유들 때문에 다윗은 죄가 없다고 말하는 것은 맞다. 다윗은 큰 문제들에 대해서 이스라엘과 함께하는 신앙을 지니고 있었다. 다윗은 철저하게 신실하고 의로운 사람이었다. 이것은 사울이 선언한 바(삼상 24:17)와 같고 아비가일이 예상했던 대로(삼상 25:31) 양심의 가책을 받지 않는 것과 같고 다윗 자신이 반복해서 주장하는 바(삼상 26:18 비교)와 같이 살인죄에 전혀 오염되지 않았다는 것이다. 아기스는 비록 전혀 잘못된 이유에서 그랬겠지만 참된 신뢰할 만한 평결을 내린 것이다.[21]

---

21 이 삼중적 무죄방면 평결은 내가 보기에 빌라도의 예수 송사에 대한 누가와 요한의 설명에서 되풀이된다. 빌라도 역시 중도적 입장에 있는 인물이다. 그는 예수가 무죄라는 자신의 확신과

6. 서사적 묘사와 선포된 대안

여기서 나는 본문상의 해설을 넘어서 실제적 목회와의 관련성을 제시하고 싶다. 이 탐구를 기초로 해서 나는 우

로마의 고압적인 이익과 위협 사이에 갇혀 있다. 빌라도 역시 무죄 평결을 세 번 내린다. "내가 보니 이 사람에게는 아무 죄도 없소"(눅 23:14; 23:14-15; 23:22; 요 18:38; 19:4; 19:6). 빌라도는 아기스처럼 잘못된 이유에서 바른 평결을 내린다. 실제로 빌라도는 아기스처럼 완전히 오해한다. 왜냐하면 예수는 빌라도가 믿는 모든 것을 철저하게 적으로 규정하고 전복하는 자이기 때문이다. 삼상 29장이 아기스의 자선을 위해 적혀 있는 것이 아닌 것처럼 예수 소송의 서사는 빌라도의 파멸을 위해 들려주는 것이 아니다. 그것은 예수를 따르는 제자를 위한 이야기이고 이것은 세상의 권위를 전복적으로 훼손하는 예수의 행동에서 예수가 반역자로 확실하게 선고되는 것을 지켜보는 일이다. 그러나 예수는 결국 실제로 죄가 없고 하나님의 목적을 섬기고 있다. 빌라도는 아기스처럼 자신이 상상하는 것보다 훨씬 더 낮은 수준에서 이해하지만 부지 중에 바른 평결을 내린다. 빌라도는 세상이 평가할 수 있는 증거를 기초로 해서 평결을 내린다. 그는 세상이 이해할 수도 수용할 수도 없는 평결을 내린다. 이와 같이 제2의 경우도 역시 피소된 사람은 마찬가지로 세 번 무죄가 선언되고 그 후에 유죄로 처리된다. 다윗 서사와 예수 송사 서사 사이의 평행을 분석하는 것에 대해서 다음을 참조. Walter Brueggemann, "Narrative Intentionality in I Samuel 29," *JSOT* 43 (1989): 21-35. 예수 소송의 해석에서 아이러니의 요소를 제시한 것에 대해서 다음을 참조. Wayne C. Booth, *A Rhetoric of Irony* (Chicago: University of Chicago Press, 1974), 28-29, 91-93.

리 삶의 표면 아래에 움직이고 있는 폭력과 야만성을 인정하고 변혁하는 방식으로 서사를 살펴보는 몇 가지 성찰을 제공하고자 한다. 관련 본문의 탐구와 선포는 서사를 다시 말하는 데서 성립한다. 그러나 어떤 목적으로?

이 서사들을 다시 말하는 목적은 다윗에 대한 역사적 교훈을 재고하기 위함도 아니고 도덕적 인물 다윗의 영웅주의를 쟁취하기 위함도 확실히 아니며 다윗을 통한 하나님의 나라의 도래를 축하하기 위함도 아니다.

우리가 기지와 상상력을 가지고 있다면 이 본문들에는 우리에게 훨씬 더 직접적인 문제가 있다. 이 서사들은 질병, 애매성, 그리고 우리 자신의 삶의 전망을 조명한다. 서사가 다시 말해질 때 우리 자신의 삶 역시 결정적으로 사심 없이 자각적으로 어떤 가능성과 함께 다시 말해진다. 게다가 상상적으로 다시 말해질 때 진행 중인 우리의 삶은 다시 기술될 수 있고 의미화되며 변혁될 수 있다.

이러한 다시 말함은 우리 삶의 중심 문제에 집중할 수 있도록 우리를 도울 수 있다. 로버트 N. 벨라(Robert N. Bellah)와 그 동료에 의해서 비판적으로 해명된 삶의 관리

치유 모델을 보면[22] 우리는 **폭력과 복수**라는 야만적이고 **불길한 권력**, 보복 의지, 상해를 가하고 균일화하는 충동, 그리고 우리의 안녕의 많은 부분이 보이지 않는 난폭한 어둠에 의해 제약된다는 불가피하고도 음울한 진리 등을 배제하는 경향을 보인다. 서사는 폭력에 빠지기 쉬운 부단한 유혹과 그 유혹을 둘러싸고 있는 유인에서 물러서지 않는다.

통상적으로 인간의 삶에 대한 우리의 소시민적 식별은 도덕은 선택할 수 있고 삶은 해결을 요하는 일련의 문제들이고 관리될 가능성은 시계의 범위 내에 들어오는 모든 것이라는 계몽주의적 지각에 지배되어 있다. 우리의 문화를 매우 강력하게 지배하는 이러한 자기 기만에 대항하여 성경 본문이 들려주는 목소리는 프로이트, 마르크스, 니체가 드러낸 "어둠의 전통"을 강력하게 증

---

22 Robert N. Bellah et al, *Habits of the Heart: Individualism and Commitment in American Life* (Berkeley: University of California Press, 1985). 이 책에서 벨라는 우리 사회의 치유적 관리적 의식의 병리학에 대한 걸출한 분석을 제공했다. 벨라는 맥킨타이어를 따른다. Alasdair MacIntyre, *After Virtue: A Study in Moral Theory*, 2nd ed. (Notre Dame: University of Notre Dame Press, 1984).

거하는 극소수의 증언 가운데 하나이다.[23] 물론 이 전통은 그들이 계산한 것보다 더 깊고 더 오래 되고 더 강력한 것이다.

이 어둠의 힘은 현대적 사고의 신선한 통찰이 아니다. 성경은 공적 삶의 표면 아래에 으레 있기 마련인 격렬한 야만성을 오랫동안 알고 있었다. 이 공포의 어둠은 우리를 야만성으로 유인하여 무기와 핵의 가능성에 대한 공공 정책 문제, 사형의 공개적 외침, 이성의 옷을 입고 나오는 격분과 관련을 맺는다. 통제를 위한 살인욕이 결혼 생활의 친밀성, 가족 갈등, 교회 행정의 관료주의 가운데서 일어난다. 이렇듯 길들여지지 않은 열정적인 야만성은 마침내 우리가 누구인지를 구성하는 일부인 셈이다.

---

23 Paul Ricoeur, *Freud and Philosophy: An Essay on Interpretation* (New Haven: Yale University Press, 1970). 이 책에서 리쾨르는 해석의 실천으로서 "의심"에 집중했다. Paul Ricoeur, *The Symbolism of Evil* (Boston: Beacon Press, 1969). 이 책에서 리쾨르는 어둠이 다만 해석의 문제인 것만이 아니라 인간의 상황을 구성한다는 것까지도 인식했다. 다음을 참조. Douglas J. Hall, *Lighten Our Darkness: Toward an Indigenous Theology of the Cross* (Philadelphia: Westminster Press, 1976). 루터의 경우 "이성의 오용"과 함께 해석적 구성적 어둠은 동질의 것이다.

다윗의 서사가 우리의 주의를 끄는 것은 그것이 우리 자신의 삶, 다시 말해서 생각 없는 단순한 삶이지만 있는 그대로의 해결되지 않은 무자비한 삶을 주제로 삼기 때문이다. 우리는 가해자이든 희생양이든 항상 피 가까이에 있다. 어느 경우이든 우리는 우리가 정당화할 수도 거부할 수도 없는, 거의 대부분은 인정되지 않는 채로 남아 있는 폭력에 의해서 제압되어 있다.

그 서사는 폭력과 복수의 유혹이 난무하는 가운데서 도덕의 가능성에 관한 문제를 계속 제기한다. 아비가일은 억제와 "양심의 가책"을 말한다. 다윗과 사울은 "의"와 "신실"에 관해 대화를 주고받는다.

하지만 이 문제들에 관해서 요압은 말할 것도 없지만 다윗, 사울, 아비가일은 낭만적이지 않다. 그들은 단 한 순간이라도 신실과 의가 쉬운 선택지, 명백한 선택지, 선택할 수 있는 선택지라고 상상하지 않는다. 이것들은 항상 두려움, 탐욕, 증오 그리고 복수에 의해 둘러싸인 선택이고 위험과 위기 속에서 취해지는 선택이며 고상함뿐만 아니라 신뢰, 복종, 순종까지도 요구하는 선택이다.

이 서사들은 격노에도 두려움에도 이끌리지 않는 비

전의 단일성과 함께 살아갈 수 있는 또 다른 삶을 열렬히 간구하는 것을 드러내고 있다. 다윗이 우리의 상상력을 붙들고 있는 것은 그가 또 다른 삶이라는 이 비전을 지배욕에 의해서가 아니라 지배욕을 넘어서 해내기 때문이다.

이 서사들은 이 이야기 과정에서 매우 강력하게 현존하는 **부재하는 분**(the Absent One)이라는 이름에 주목하도록 우리를 초대한다.[24] 그것은 서사에서 그렇듯이 야웨의 이름을 항상 불러내기 위한 스타일로서 유형화된 말일지도 모른다. 그러나 야웨를 자주 참조함으로써 야만성이 격렬한 가운데서도 다른 관계자가 움직이고 있다는 것을 상상하도록 만든다.

근본적으로 다윗과 아비가일은 "주님께서 원수를 갚아주신다"(삼상 25:39)고 선언하는 그 다른 분이 존재한다는 것을 믿는다. 이것은 다윗의 개인적 세계가 인간의 복수가 필요 없는 또는 작용하지 않는 결백한 세계라는

---

24 현존하는/부재하는 분에 대해서 다음을 참조. Samuel L. Terrien, *The Elusive Presence: Toward a New Biblical Theology* (San Francisco: Harper & Row, 1978).

것을 주장하려는 것이 아니다. 나발이 안 것처럼 실로 다윗의 세계에는 복수가 있다. 그러나 그것은 야웨의 강력한 신실함에 최종적으로 맡겨진 복수이다. 서사가 확증하는 이러한 확신이 야웨의 도덕적 진정성을 엄밀하게 명확히 분절하여 표현하도록 허락한다. 하지만 그것은 최종적으로 하나님에 의해서 결정되는 도덕적 진정성이지 우리에 의해서 선취되지 않는다.

사울, 나발, 아말렉 족속, 요압, 바아나 그리고 레갑에게 최종적으로 보복해야 하는 자는 하나님이지 다윗이 아니다. 다윗은 그들의 파괴성을 해결할 수도 없고 해결해서도 안 된다. 야웨가 움직이고 있고 의와 악은 야웨가 판결한다. 야웨의 사역은 블레셋 진영의 지휘관들이 부지 중에 개입한 데서 보여지는 것처럼 숨겨져 있거나 간접적인 것일지도 모른다. 아니면 야웨의 사역은 아비가일 같은 인간 대리자를 통해서 이루어질지도 모른다. 그러나 결국 결정권을 쥐는 것은 야웨의 통치이다.

마침내 **정당화, 무죄방면, 그리고 변호**의 문제가 그 이야기의 핵심에 자리 잡고 있다. 서사는 위험이 넘쳐흐른다. 시므이가 바로 그렇다.

종국적으로 다윗은 다음과 같이 물어야 할 것이다.

주님, 주님께서 죄를 지켜보고 계시면 주님 앞에 누가 감히 맞설 수 있겠습니까?(시 130:3)

그렇다. 아무도 맞설 수 없다. 다윗조차도 맞설 수 없다. 확실하다. 그러나 아마도 다윗, 그리고 다윗과 여정을 같이하는 모든 사람은 주님 앞에 "서는 것"이 가능하다. 왜냐하면 하나님이 신의를 맹세하셨고 다윗의 안녕을 책임지시기 때문이다. 아마도 최종적으로 다윗은 "의로운" 사람으로 입증될 것이다. 왜냐하면 그는 기꺼이 복수를 야웨의 손에 남겨두고 자기의 것이 아닌 것을 침해하지 않을 것이기 때문이다.

서사적 실재론의 흥미로운 여정을 거쳐서 우리는 의와 정당화라는 오래된 거대한 주제로 다시 돌아온다. 그러나 우리는 율법주의, 도덕주의, "양심의 고문", 또는 "분노한 신의 손 안에 있는 죄인"[25]에 의해서 거기에 도

---

25 "양심의 고문"에 치우친 "루터의" 특징적인 경향성에 대해서

달한 것이 아니다. 칭의의 주제는 어거스틴에서 루터로 이어지는 전통에서 해설된 것처럼 죄, 죄의식, 하나님과의 분리라는 순수하게 종교적인 주제가 아니다.

구약을 특징지우는 바 하나님 앞의 의의 문제는 그보다 훨씬 더 공적 세계와 연결되고 훨씬 더 이웃과 정치적 현실에 관계하고 권력과 야만성, 폭력, 복수 그리고 그 대응 주제인 신뢰, 복종, 기다림에 관계한다. 이 서사가 확증하는 대로 다윗은 최종적으로 의로운 사람이다.

그러나 그의 의는 다윗의 행동에 뿌리를 두는 것이 아니라 항상 다윗을 보호하고 그의 편에서 개입하는 결정적인 현존에 뿌리를 둔다. 기묘하게 억제된 방식으로, 사무엘서의 서사는 다윗에 관한 것이 아니라 자기 이익의 많은 도모 가운데서도 더 큰 목적을 구현할 수있고 또 구현하는 분에 관한 것이다. 다윗은 자신의 모든 정치적

다음을 참조. Krister Stendahl, "The Apostle Paul and the Introspective Conscience of the West," *Harvard Theological Review* 56 (1963): 199-215, 다음 저서에 재수록. Krister Stendahl, *Paul Among the Jews and Gentiles, and Other Essays* (Philadelphia: Fortress Press, 1976), 78-96.

현실주의에도 불구하고 저 너머에서 자신을 불렀던 목적에 순종하는 길을 발견한다.

우리가 이러한 다윗 서사를 숙고하는 것은 우리의 삶이 다윗의 삶과 같기 때문이다. 우리는 항상 권력의 도상에 있는데 이 과정은 어둠 속에서 궁리하며 때때로 어둠이 놀라운 삶의 선물로 바뀌는 과정이기도 하다. 우리의 삶의 문제는 끝없이 이러한 유감스러운 유혹의 실재들에 의해서 굴절된다. 우리는 우리를 이끄는 탐욕스러운 근심에서 빠져 나올 수 있는 힘과 희망에서 무력하고 무망하다. 우리의 문제는 우리가 보지 못한 하나님을 우리가 죽이기를 원한다는 것이 아니다. 오히려 우리의 문제는 우리가 보았던 우리 자신의 형제자매를 우리가 죽이기를 원한다는 것이다(요일 4:20).

우리는 이 강력한 서사에서 너무 두려운 주제를 함께하고 있다. 왜냐하면 여기에는 우리가 거절하기 일쑤인 너무 많은 것이 있기 때문이다. 즉 이 흑암의 강력한 실재를 인정하는 것, 포용하는 것, 변혁하는 것은 우리의 낭만적 정서적 문화에서 거의 사라졌다는 뜻이다. 그러나 폭력의 불길한 실재를 맞닥뜨릴 때까지 복음은 우리의 낭만적 자기기만에 공모하는 한 줌의 "자력"보다 훨씬 더 못한 것이다.

서사는 우리를 인도하여 우리가 거절하기를 원할지도 모르는, 우리 자신에 관한 실재에로 데려간다. 그러나 그것은 거기서 멈추지 않는다. 그것은 또한 우리를 인도하여 그 실재가 현실에서 작동하고 거기서 새로운 목적을 수행하는 하나님에 수반하는 실재라는 것을 겪게 한다. 서사는 우리에게 우리를 대신하여 수행된 또 다른 의를 말해준다. 그것은 그것을 우리에게 말해주는 것 그 이상의 것을 한다. 그것은 또한 우리가 서사에 참여해 감에 따라 새로운 의를 매개해 준다.

서사에 나타난 다윗의 변호는 애매하다. 사무엘상 29장에 나오는 아기스의 평결은 **애매성이 확연하게 드러나는** 우리의 상황을 보여주는 사례이다. 바른 평결이 아기스에 의해 주어지지만 그것은 잘못된 이유에서 내려진 것이다. 아기스의 삼중적 무죄방면 이후에도 여전히 괴로운 양면성이 있다. 왜냐하면 그것은 거짓 자료를 기초로 잘못된 이유에서 내려진 방면이기 때문이다. 다윗에 관한 강한 불편함이 우리에게 남아 있고 기묘하게 다윗에게 선하게 작용하는 이상한 동맹, 즉 야웨와 블레셋 지휘관들 사이의 은폐된 동맹이 우리에게 남겨진다(롬 8:28 비교).

우리의 삶이 그와 같다. 우리가 접근하는 평결은 일상적으로는 애매하고 때로는 잘못된 이유에서 내려진다. 그러나 그러한 애매성 속에서 야웨의 탄력적인 신의가 내레이터에 의해서 가시화된다. 다윗 서사의 중심에 있는 것은 바로 이러한 야웨의 탄력적인 신의이다. 이와 동일한 신의, 즉 애매성 속에서 애매성을 피해 역사하는 신의가 우리 삶의 서사의 중심 주제이다.

나의 논지는 바로 이것이다. 즉 서사를 다시 말함으로써 우리는 복음적인 설교의 주제와 중추를 회복하도록 도움을 받는다. 우리 설교의 많은 부분은 처칠의 푸딩과 같다. 즉 그것은 아무런 주제도 지니고 있지 않다. 우리는 개혁적인 "좋은 명분" 또는 경건한 낭만주의, 보수적 도덕주의로 축소된다. 이 모든 것은 우리가 살아가는 폭력, 가해, 증오, 애매성을 덮어 숨긴다.

나는 성경 본문과 현대 생활의 위기 사이를 쉽게 연결하고 싶지 않다. 나는 성경이 그렇게 직접적으로 기능한다고 믿지 않는다(성경과 교회의 상호 연결에 대해서 서문에 나오는 나의 입문적 논평을 참조). 그러나 나는 교회가 설교의 그런 중추와 주제를 상실하는 것이 야만성을 위해 적합한 언어가 없는 우리에게 그 야만성에 대해 대대적으로 아마 결정적인 기여를 하도록 만든다고 강력하게 제안하고 싶다. 교회 생활에서 서사적 상상력의 포기는 우리에게 절망과 소진으로 끝나고 마는 불모의 도덕적 신학적 선택지를 남겨줄 뿐이다.

다윗 서사는 해석과 선포를 목적으로 할 때 매우 다른 영역의 주제를 제시한다.

1. **폭력과 복수의 권력**이 우리 가운데 있다.
2. **도덕적 가능성**은 커다란 위험을 무릅쓰고서야 가능할 수 있다.
3. **부재하는 분이 강력하게 현존하는 것**은 이러한 왕래 속에서이다.
4. 우리의 고착화되어 있는 파괴성을 제압하는 **칭의와 평안**은 피해갈 수 없는 주제이다.
5. **잘못된 이유로 내린 바른 평결**을 성가시게 하는 애매성은 우리가 자주 경험하지만 그것은 주권자의 신의에 봉사하는 것이다.

해석과 선포의 목적에 맞는 이러한 주제들은 다음과 같은 소재들과 결정적으로 만나게 될 것이다. 우리의 보다 직접적인 지역적 문제들, 우리가 무시해버릴 수 있는 충성들, 우리와 유리되어 있는 언약들, 우리의 고귀하지만 형해화된 의도들, 우리의 권력 장악, 자신을 변호하는 우리의 끝없는 시도들. 이들 서사들은 인간의 수수께끼를 풀어주는 폐쇄적 단순 해결책을 하등 제공하지 않는다. 오히려 그것들은 신실하게 삶을 철저히 살아내는 데로 초대한다.

그러나 이러한 철저한 삶은 인격의 파토스, 권력의 야생성, 섭리의 은폐된 탄력성을 수렴할 때라야 가능하다. 이 세 가지가 없으면 우리의 삶은 어느 정도 기만적이다. 이 이야기들이 메말라가는 것, 안락해지는 것, 기만적인 것, 단조로운 것으로부터 우리의 신앙, 우리의 삶, 우리의 선포를 지켜준다.

이 이야기들이 다음과 같이 부재하지만 현존하는 분을 증언한다.

두고두고 꾸짖지 않으시며

> 노를 끝없이 품지 않으신다.…
> 부모가 자식을 가엾게 여기듯이
> 주님께서는 주님을 두려워하는 사람을 가엾게 여기
> 신다. 주님께서는 우리가 어떻게 창조되었음을
> 알고 계시기 때문에
> 우리가 한갓 티끌임을 알고 계시기 때문이다.
> 인생은 그날이 풀과 같고
> 피고지는 들꽃 같아
> 바람 한 번 지나가면 곧 시들어
> 그 있던 자리마저 알 수 없는 것이다.
> 그러나 주님을 경외하는 사람에게는
> 주님의 사랑이 영원에서 영원까지 이르고
> 주님의 의로우심은
> 자손 대대에 이를 것이니(시 103:9; 13-17).

하나님의 관대한 신의를 노래하는 이 시편은 이스라엘의 신앙에서 강력한 목소리이다. 우리가 너무 많이 사랑하는 이 시편은 그러나 서사의 위험한 애매성의 한가운데에 자리하고 있지 않으면 안 된다. 이 시편은 신앙을 깨끗하게 하고 결연하게 만든다. 그것은 복잡하지 않은 야웨상을 제공한다.

그러나 서사는 우리에게 달리 말한다. 노를 끝없이 품

지 않으시는 하나님이 우리 삶의 영역에서 파괴적인 분노를 허락한다. 우리가 티끌임을 기억하는 하나님이 때로는 냉정하고 무관심한 듯하다. 영원에서 영원에 이르는 주님의 사랑이 때로는 오는 데 너무 오래 걸려서 세상은 변덕에 내몰리는 듯하다.

마침내 다윗은 야생적 서사와 확신의 시편 사이를 오가며 이스라엘 신앙의 송가를 구현하는 사람이다. 시편은 그 자체로 너무 차분하게 사물을 진정시킨다. 서사는 그 자체로 격렬하게 요동한다. 그러나 이스라엘의 신뢰의 서정시가 변혁의 의미를 띠게 되는 것은 이 불안정하고 요동하는 서사를 충분히 대면할 때만 그렇다.

교회는 서사보다 시편을 더 많이 선호한다. 나는 우리가 서사에 입문을 다시 해야 한다고 촉구하는 바이다. 왜냐하면 거기서만 우리는 광야를 접할 수 있기 때문이고 거기서만 우리는 밤을 위한 특별한 노래를 들려주고 듣고 신뢰할 수 있기 때문이다. 밤의 서사를 밤에 관한 것으로 유지시켜주는 것은 신뢰의 노래 때문이 아니다. 하지만 신뢰의 노래가 현존하는 데서 밤은 밤을 변혁시키는 것이 된다.

다윗은 에피소드마다 그러한 변혁의 진리를 학습해야만 했다. 우리도 그렇게 할 수 있다. 그러나 우리가 다시 학습하려면 다시 말하기를 많이 해야 할 필요가 있다.

4 왕권 절대주의의 요구: 하나의 대안

1. 서론

 사무엘하에 있는 다윗 서사의 끝부분을 보면 왕은 이제 예루살렘, 강력해진 예루살렘에 안전하게 진을 치고 있다. 예루살렘에는 상비군이 있고 관료제가 전반적으로 퍼져 있고 커다란 규방이 있으며 참호로 둘러싸인 제사장직과 치밀한 조세 제도가 있다. 그 이야기는 다음과 같이 야웨의 권력에 관한 한나의 희망가에서 시작했다.[1]

---

1 Brevard S. Childs, *Introduction to the Old Testament as Scripture* (Philadelphia: Fortress Press, 1979), 271-280. 차일즈는 우리에게 사무엘서에 나오는 이야기 전체를 어떻게 생각하는지를 보여주었고

> 궁핍한 사람을 거름더미에서 들어 올리셔서 귀한 이
> 들과 한자리에 앉게 하시는(삼상 2:8).

다윗에게 와서 야웨는 한나가 노래한 그 반전을 집행했다. 다윗은 야웨가 낮은 곳에서 데려왔으나 크게 세울 수 있다는 이스라엘의 확신을 전시하는 인물이다.

2. 서사의 성취로서 출현하는 왕권 절대주의

이 논의에서 나는 다윗과 솔로몬 시대에 이스라엘에 출현한 국가 절대주의를 고찰할 것이다. 이 왕권 절대주의는 틀림없이 경제적-정치적 토대를 가지고 있다. 하지만 그것은 존경과 복종을 명령했다. 왜냐하면 출현한 경제적-정치적 독점이 종교적 합법성을 부여받았기 때문이다. 정치적 경제적 요인이 그 출현에 결정적인 반면 나는

한나의 노래가 우리에게 뒤따라 나오는 이야기의 주제를 제공하는 방식을 제시했다.

여기서 종교적 정통성의 문제에 관계할 것이다.[2] 특별히 나는 그 체제의 비합법성에 관련하는 것처럼 보이는 본문들을 고찰할 것이다. 다시 말해서 그 본문들은 신학적 비준을 철회하는 것에 관계한 것처럼 보이는 본문들로서 이 신학적 비준이 없으면 그 체제가 존립할 수 없었다.

다윗이 양치기 소년(삼상 16:11)에서 목양하는 왕(삼하 5:2)으로 변화되는 놀라운 길을 따라 이스라엘에는 어떤 예측할 수 있었던 일이 일어났다.[3] 왕권 체제는 근동의

---

2 다윗 군주제의 출현에 관련된 정치적 경제적 요인에 대해서 다음을 참조. Frank S. Frick, *The Formation of the State in Ancient Israel* (Sheffield: Almond Press, 1985). 현재 그 자료를 충분하게 포괄적으로 처리하는 것에 대해서 다음을 참조. James W. Flanagan, *David's Social Drama: A Hologram of Israel's Early Iron Age*, Social World of Biblical Antiquity, 7 (Sheffield: Almond Press, 1988).

3 더 결정적이고 불길한 변화가 다윗 시대보다 솔로몬의 통치에서 발생했다는 것은 거의 확실하다. 그러나 다윗은 솔로몬 시기의 묘사를 위한 문학적 장치로서 취해진다. 다음을 참조. Frank Moore Cross, *Canaanite Myth and Hebrew Epic* (Cambridge, Mass.: Harvard University Press, 1973), 229-241. James W. Flanagan, *David's Social Drama: A Hologram of Israel's Early Iron Age*. 이 책에서 Flanagan은 다윗이 족장으로 남고 왕권의 발전에 의도적으로 저항한다는 확실한 주장을 입증한다. 왕권을 더 높은 자리에 두는 국가의 출현은 솔로몬 치하에서 일어났지 다윗의

거대 제국에 공통적인 정치 이론과 정치적 합리성을 전유화했다.[4] 다윗이나 솔로몬 치하의 예루살렘 체제는 왕권 이데올로기와 그 수반 권력, 위세와 부에 대해서 편안한 마음들이었다. 그러나 그 이데올로기는 모세에 의해서 명확히 표현되고 사무엘에서 구현된 이스라엘의 오랜 언약 전통에 심하게 반하는 것이었다. 그 오랜 언약 전통이 왕의 권력을 기껏해야 언약주의의 유용한 도구 정도로 수용하는 데 반해(신 17:14-20), 왕권 이데올로기는 이제 매우 다른 주장을 내세운다.

왕권은 이제 더 이상 이스라엘의 안녕에 속한 것이 아니라 이스라엘의 존재에 속한 것이다. 따라서 왕권은 이

치하에서는 아니었다. 다윗은 정치적으로 무엇이 가능했는가를 기민하게 식별하고 그에 따라 적절하게 처신했다.

4 다윗과 솔로몬의 이스라엘이 제국의 이데올로기를 전유화하고 포용한 정도는 계속되는 논쟁거리이다. 전유화에 관한 가장 극단적인 주장은 엥넬의 것이었다. Ivan Engnell, *Studies in Divine Kingship in the Ancient Near East* (Uppsala: Almqvist & Wiksell, 1943). 또한 다음을 참조. Henri Frankfort, *Kingship and the Gods* (Chicago: University of Chicago Press, 1948); Aubrey R. Johnson, *Sacral Kingship in Ancient Israel* (Cardiff: University of Wales Press, 1956); Cross, *Canaanite Myth and Hebrew Epic*, 241-273.

스라엘의 삶과 인격에 통합적이고 본질적이고 당연하고 필수불가결한 것이 되었다. 왕은 이스라엘의 삶의 구현이 되었고 이스라엘 공동체 특유의 조직 원리, 즉 토라(율법)를 대적하거나 전치하는 것이 되었다. 이스라엘의 군주 시대를 특징짓는 토라와 왕권 사이의 투쟁은 오랜 언약주의와 왕의 권력 독점을 정당화한 새로운 이데올로기 사이의 갈등인 셈이다.[5]

다윗의 서사는 다윗의 부상 속에서 야웨의 신실한 약속과 권능의 역사를 보면서 왕으로서 다윗의 출현을 신실하게 주의 깊게 추적한다. 그 서사가 이야기를 완성할 때 그들은 경악한다. 나는 그 서사 과정에서 일어난 것에 그들이 당황하며 심지어 아연실색한다고 생각한다. 그 이야기의 끝은 자기 이익을 도모하는 정치적 오만과 자율성으로 포위된 왕이다. 사무엘하에서 열왕기상으로

---

5 오랜 언약주의와 새로운 이데올로기 사이에 있었던 군주 시대의 갈등은 특별히 왕과 예언자 사이의 거대한 대결에서 명확히 표현된다. 그러나 그것은 신명기 저자에게 있어서 더 기묘하게 강령적으로 제시된다. 신명기에서 예언자는 왕권 신학에 대항하기 위해 정확히 토라에 의지한다. 그러나 결국 신명기는 조심스럽지만 왕권 신학의 정통성을 위한 여지를 제공해야 한다.

의 이행은 예상 밖의 일이다.

열왕기상 1-2장에 나오는 다윗 이야기의 끝은 왕위 계승에 관한 냉소적 논란으로 시작하고 또 다윗이 솔로몬에게 지시하는 믿을 수 없을 정도로 터무니없는 조언으로 시작한다. 그것은 일격에 조용히 대학살을 감행해서 적을 제거하고 오랜 빚을 해결함으로써 왕위를 안전하게 보존하라는 것이었다. 결국 솔로몬은 "온갖 영화를 누리고" 온갖 오만, 권력, 자랑, 풍요를 누린다. 이스라엘의 삶과 세계관의 토대가 변했다는 것은 분명하다.

구약은 이스라엘에서 일어난 공적 권력의 이러한 변혁에 대해 한 마음이 아니다. 확실히 이러한 새로운 권력과 부를 하나님의 선물로 보는 평가가 있다. 그러나 동시에 그러한 권력에 대한 불편함이 있다. 왜냐하면 그것은 절대주의를 구현하게 되기 때문이다.

3. 왕권 요구에 대한 언약적 대안

내가 왕권 절대주의의 비합법성을 구하는 본문으로

지정하는 자료는 사무엘하 21-24장이다. 이 장들은 보통 부록으로 딸린, 연대기적 연속성이 없는 잡다한 선집으로 간주된다. 이 자료에 대한 학문적 연구는 거의 없는 실정이다. 칼 부데(Karl Budde)에 따르면[6] 인습적으로 6가지 요소가 교차적 방식으로 배열되어 있는 것으로 관찰된다. 즉 2개의 서사, 2개의 명단, 2개의 시이다. 이러한 관찰은 정확하지만 우리를 더 멀리 데려가지 못한다. 우리는 아직 다음과 같이 묻지 않으면 안 된다. 즉 이 특별한 장소에 배열되어 있는 그 자료들의 문학적 기능과 의도는 무엇인가?

나는 이 네 개의 장이 사무엘하 5-8장 자료의 대응물로 존재한다고 제안하는 바이다. 5-8장과 21-24장은 모두 학자들이 정립한 두 개의 거대 서사 즉 다윗의 부상과 왕위 계승의 서사 외부에 놓여져 있다.[7] 주목할 만한 논문에서 제임스 플래네이건(James W. Flanagan)은 사무엘하

---

6 Karl Budde, *Die Bücher Samuel*, Kurzer Hand-Commentar zum Alten Testament (Tübingen: J. C. B. Mohr, 1902), 304.

7 Leonhard Rost, *The Succession to the Throne of David*, trans. David M. Gunn (Sheffield: Almond Press, 1982).

5-8장이 교차적으로 정돈된 6요소로 구성되어 있다고 주장했다. 즉 2개의 명단, 2개의 전투 서사, 2개의 합법성 서사이다.[8]

게다가 플래네이건은 이 세 쌍 각각에 종족에서 뚜렷한 왕권 세계로의 이행 의식이 있다는 것을 보았다. 명단은 친족제에서 관료제로 이동한다. 전투 서사는 블레셋 전쟁에서 제국 전쟁으로 넘어간다. 합법성 이야기는 언약궤에서 왕조 신탁으로 이동한다. 플래네이건은 6요소가 디자인되었고 정비되었으며 하나씩 다시 말해줌으로써 종족에서 국가로의 결정적 전환을 집행하도록 한다고 주장한다. 다시 말해서 그것들은 청중에게 왕권 이데올로기를 삶에 대한 오랜 종족 이론의 적절한 계승자로 포용하는 것을 도와주도록 의도된 것이다.

---

8 James Flanagan, "Social Transformation and Ritual in 2 Samuel 6," in *The Word of the Lord Shall Go Forth*, ed. Carol M. Meyers and M. O'Connor (Winona Lake, Ind.: Eisenbrauns, 1983), 361-372. James W. Flanagan, *David's Social Drama: A Hologram of Israel's Early Iron Age*. 이 책에서 Flanagan은 위의 자신의 논문에서 추진한 논제를 매우 상세하고 정확하게 규명한다. Flanagan은 사무엘하의 본문을 다윗의 주군됨이라는 보다 큰 드라마에 중추적이며 결정적인 것으로 채택한다.

5-8장이 다윗에 대해 적극적이기 때문에 이 장들의 본문은 왕권 이데올로기를 추천하는 것을 의도하고 다윗에게 선한 소원과 함께하는 새로운 권력을 부여하는 것임이 분명하다.

그러나 드디어 우리가 사무엘하 21장에 이르러 보면 많은 것이 다윗에게 일어났지만 그 중 많은 것이 좋은 것만은 아니다.

왕위 계승 서사는 다윗 지배의 실패, 즉 우리야와 밧세바의 에피소드에 의해 결정되는 실패를 예술적으로 조형하는 것이다(삼하 11-12). 그 서사는 사랑받는 아름다운 용모의 압살롬을 국가의 적으로 보고 죽이는 파토스에서 절정에 달한다(삼하 18:9-19:8). 그리고 다윗의 성공을 공유할 자격이 있는 자가 누구인가에 대해 논쟁이 뒤따르고 남과 북이 이 문제로 통렬해진다(삼하 19:11-43). 왕위를 장려하고 선전하는 사람들은 서로 틀어진 것처럼 보인다.

부록 앞에 있는 마지막 요소는 사무엘하 20:23-26인데 이것은 왕권 관료 명단이다. 얼마나 명시적으로 보여주는 것인지! 족장에서 왕으로의 변혁이 완성된다.

그래서 나는 사무엘하 21-24장은 절대적 다윗의 확

대에 대한 대응물을 형성하는 자료집이고 아마도 다윗의 그 이행을 종족적 신의라는 절대화 이전의 세계로 다시 돌이키는 "통로"를 제공하기 위해 5-8장의 이행 의식을 되돌리려는 의도를 가진 것이라고 믿는다. 이 장들의 누적적 증거가 전통의 종족 이론이 수용할 수 없게 된 지나친 왕권 중심의 다윗을 해제하거나 해체하는 것을 지지한다.[9]

1) 정당화된 대학살: 사무엘하 21:1-14

이 특별한 서사는 다윗이 사울의 아들 일곱 명(삼하 21:6)을 죽여야 한다는 것을 보고한다. 그 서사는 살인 행위가 있었고 그 결과 흉년이 왔고 그래서 속죄가 필요한 경우를 소개한다. 그 파괴적 과정이 시작되는 최초의

---

9 다음을 참조. Martin Cohen, "The Role of the Shilonite Priesthood in the United Monarchy of Ancient Israel," *Hebrew Union College Annual* 36 (1965): 59-98. 본문을 도구로 한 왕권 요구 주장의 해체에 대해서 다음을 참조. Walter Brueggemann, "2 Samuel 21-24: An Appendix of Deconstruction?" *Catholic Biblical Quarterly* 50 (1988): 383-397.

살인죄는 사울이 기브온 사람을 살해했다는 것이다. 다윗은 이러한 결과로 초래된 흉년으로부터 자기 백성을 구하려는 시도에서 사울의 아들들을 죽여서 그 피에 응답함으로써 살인죄를 "속죄해야"(*kpr*) 한다(삼하 21:3).

이 서사는 있는 그대로 순수하게 취해져야 할지도 모른다. 그러나 그렇게 취해진다 할지라도 다윗이 살인죄와 관습적 속죄라는 원시적인 문제를 "피에는 피"라는 방식으로 대처하는 데 몰두하는 것을 묘사하는 것은 경악스러운 일이다. 나는 그러한 왕의 활동은 그 서사의 다른 곳에서 관료제의 이데올로기를 드높이는 주장과 맞지 않고 합리성과 절대주의 이전 사회, 즉 일종의 원시 사회를 반향한다고 본다.

그러나 이러한 결백한 독법은 나의 판단으로는 매우 의심스러운 것이다. 일련의 살인죄, 흉년, 속죄는 최초의 행위, 즉 사울이 저질렀다고 주장되는 살인죄를 지지하는 어떠한 증거도 없다는 점을 제외하고 일리가 있다. 우리는 사울이 기브온 사람을 살해했다는 아무런 다른 증언도 가지고 있지 않다. 우리는 그러한 보고를 기대할 것이다. 왜냐하면 친다윗 서사는 사울을 대항할 수 있는 모든 것을 기억하기를 원하기 때문이다. 그렇다면 왜 그런 죄를 드러내는 서사가 없는가? 그러한 서사가 부재한다는 점에 의해 적어도 우리는 사울이 저질렀다고 하는 그러한 사건, 살해, 살인죄가 없었을지도 모른다고 여길 수 있다. 흉년이 사울의 살인죄에 뿌리를 두고 있다는 폭로는 다윗에게 주어진 사적 신탁이었으며 다른 아무도 접근할 수 없는 신탁이었다(삼하 21:1).

우리는 의심을 더해서 그 "신탁"이 다윗을 계속 위협하는 사울의 아들을 다윗이 제거하기 위해 꾸며내고 고안한 왕권 정당화용이라고 상상해도 무방하겠는가? 그 서사는 단순히 정치적 행위를 위한 종교적 변명인가? 그 서사가 다만 변명에 지나지 않는다면 우리는 그 서사가 의도하는 바를 이상하게 여기게 된다. 사울의 살인죄가 고안물이라면 그 서사는 그 고안물을 믿는가? 또는 그 서사는 지지하는 증거가 없다는 점에 우리가 주목하게 되기를 원하는가? 그렇다면 그 서사는 자기 왕위의 안전을 보장하기 위해 어떤 일도 불사할 다윗, 즉 무자비하게 피에 목말라하고 권력에 굶주린 다윗을 계획적으로 묘사하는 것인가? 사울 집안을 반대하는 그러한 행동이 다윗이 살인자라는 사무엘하 16:8에 나오는 시므이의 비난을 근거짓는 토대인가? 그 서사는 어떻게 읽혀져야 하는지, 순수하게, 의심스럽게, 또는 아이러니하게 읽혀져야 하는지, 이에 대해 우리에게 아무런 단서도 제공하지 않는다.

이 서사들을 순수하게 읽는다면 다윗은 다만 원시 종교적 의식을 집행하는 종족의 우두머리에 지나지 않는다. 그러나 의심을 가지고 읽는다면 그 서사는 왕의 대학살을 위한 명분을 제공한다. 아이러니하게 읽는다면 그 서사는 사실상 다윗의 무자비함을 대대적으로 폭로하는 것이다. 어떤 방식으로 읽어도 그 서사의 다윗은 관료제를 관리하는 효과적이고 합리적인 이데올로기적 왕은 아니다. 그 서사는 이런저런 종류의 원시성을 드러내는 가운데 이와 같이 잘 다듬어진 왕권 이데올로기에 반대해서 작용하는 것이다.

2) 다른 영웅들: 사무엘하 21:15-22

이 명단은 블레셋 영웅을 죽인 이스라엘의 위대한 용

사 네 명을 보고한다. 그 명단은 이스라엘의 기억에서 시원적인 것으로 거의 확실하다. 그 명단이 이어지는 중간에 존경스러운 왕권 신학의 슬로건이 있다.

> 다윗의 부하들이 다윗에게 다시는 자기 부하들과 함께 싸움터에 나가지 않겠다고 약속을 받고서 그에게 말하였다. "임금님은 이스라엘의 등불이십니다. 우리는 우리의 등불이 꺼지지 않도록 지키고자 합니다"
> (삼하 21:17).

사무엘하 18:3에서 울려 퍼지는 이 정서는 왕이라는 사람을 과장되이 평가하고 있는 것을 보여준다. 우리는 그것을 "고등 기독론"(High Christology)으로 부를 수 있을 것이다. 다윗은 다만 **존재하기**만 하면 되고 **행하기**가 요구되는 것은 전혀 없다.

나는 이 높은 왕권 이데올로기가 이 명단의 중간에 나오는 목적이 왕권 이데올로기를 공격할 수 있기 위함이라고 제안하는 바이다.

먼저, 사무엘하 21:15에서 우리는 "다윗이 지쳐 있다"는 말을 듣는다. 그는 전투로 기력이 약해진 상태이다.

그러나 전투에서 지쳐 있는 다윗은 21:17의 슬로건이 시사하는 바와 같이 초인적 대리자는 아니다. 그는 인간적 현실의 압력에 굴하는 사람이다. 그 서사는 면밀하게 21:17의 고무적인 슬로건을 21:15의 현실론과 함께 배치하여 긴장하게 한다.

게다가 21:19은 엘하난이 골리앗을 죽였다고 보고한다. 역사적 탐구의 관점에서 볼 때 다윗이나 엘하난이 골리앗을 죽였는지 또는 그 두 이름이 어떻든 동일 인물을 가리키는지는 분명하지 않다. 하지만 여기서 우리의 문제는 누가 골리앗을 죽였는지 하는 역사적 문제가 아니다. 오히려 우리는 이렇게 묻는다. 즉 그 서사는 엘하난을 지명함으로써 무엇을 의도했는가 하는 것이다.

엘하난이 실제로 골리앗을 죽였다는 것은 그럴 법하고 그 승리가 다시 전통에 의해서 다윗에게 지정되는 것은 사무엘상 17장에서이다. 이것이 사실이라면 그때는 현재 문제가 되고 있는 그 지명이 의도하는 것은 그 승리를 다윗으로부터 따로 취해 엘하난에게 다시 부여함으로써 다윗의 가면을 폭로하는 것임이 분명하다. 이러한 서사적 절차를 통해서 다윗은 앞으로 있을 또 다른 공개적 권리를 빼앗기는 셈이다. 다른 이스라엘의 영웅들은 다윗 없이도 블레셋 사람들을 대적하여 매우 잘 대처하고 있다는 뜻이다.

나는 사무엘하 21:17의 이데올로기적 주장은 다윗의 쇠잔에 대한 언급과 엘하난의 주장 사이에 놓임으로써 공허해지고 우습게 된다고 본다. 다윗은 블레셋 사람들과 싸우는 전투에서 무능한 부적절한 인물로 묘사된다. 사무엘상하의 주요 이야기는 다윗이 블레셋 사람들과의 전투에서 뛰어나게 성공하는 것으로 그려진다.

그러나 여기서 블레셋 사람들과 싸우는 이스라엘의 성공은 다윗에 대한 아무런 특별한 주장 없이 성취된다. 다윗이 무관하다고 함으로써 왕권 신학의 주장을 책망하고 있다. 이 간결한 구절에서 이스라엘은 다윗을 조금도 필요로 하지 않는다는 점을 내비친다.

3) 송영 받을 "그분"에게서 오는 보상: 사무엘하 22:1-51

이 긴 시는 지금의 위치에 특별하게 자리하기 전에 독립적으로 존재했다. 독립적으로 존재한 시로서 그 용도는 시편 18편에서 명백하다. 이와 같이 자립적으로 존재한 시가 이 서사에서 전용되기에 이르렀다는 것은 아주 개연적인 사실이다. 이 시편은 세 부분으로 나뉜다.

첫째, 사무엘하 22:1-20은 **구원의 노래**이다. 노래하는 자는 하나님이 무서운 궁지에 빠진 그를 구하셨다고 자백한다.

2-4은 야웨의 구출을 처음으로 인정하고 하나님의 보호를 특징짓는 말들, 즉 반석, 요새, 피난처, 방패, 뿔, 산성을 쏟아낸다. 그리고 "구원하다"라는 동사는 세 번 사용된다.

5-6은 고도의 신비적 언어, 즉 "죽음의 물결", "파멸의 파도", "스올의 줄"을 사용한다. 이 이미지들은 화자가 완전히 무기력하게 되는 혼란의 물결 안으로 빨려 들어가는 것에 관계한다.

8-20에서 신현(theophany)을 묘사하는 관습적인 언어가 야웨의 강력한 도래를 특징짓기 위해서 사용된다. 그 언어는 5-6의 이미지에 대한 대응이다. 그것은 하나님이 오실 때 땅이 꿈틀거리고 흔들리는 혼란을 기술한다. 주님께서 그룹(cherub)을 타고 날아오셨고 구름으로 장막

을 만드셨고 우박이 쏟아지고 벼락이 떨어졌다. 이 강력한 하나님은 손을 내밀어 물에서 나를 건져주셨다(삼하 22:18). 하나님은 강력하고 신뢰할 수 있는 놀라운 분으로 나타난다.

지금까지의 시는 그 전체가 하나님께 완전히 집중한다. 화자는 간구의 목소리를 제외하면 거의 나타나지 않는다. 저 강력한 신비적 언어가 나오는 중간에 이르면, 즉 22:7에 이르면 간단한 언약적 진술이 나온다.

나의 부르짖음이 주님의 귀에 다다랐다(삼하 22:7).

화자는 무기력하게 간청한다. 시, 화자, 홍수는 만물을 변화시키는 하나님이 오심으로 완전하게 지배된다.

시의 마지막 요소(삼하 22:29-51)는 **승리의 노래**이다. 처음에 나오는 구원의 노래와 대조적으로 승리의 노래는 화자, 즉 아마도 다윗이 자기의 원수를 격파하기 위해 자기가 했던 모든 것을 주장한다.

나는 적군도 뒤쫓을 수 있으며

나는 성벽이라도 뛰어넘을 수 있습니다(삼하 22:30).
나는 원수들을 뒤쫓아가서
나는 다 죽였으며
나는 그들을 전멸시켰고
나는 그들을 무찔렀습니다(삼하 22:38-39).
나는 그들을 산산이 부수어서
나는 그들을 날려 보내고
나는 그들을 짓밟아서 흩었습니다(삼하 22:43).

승리의 노래에 나오는 이 동사들은 왕의 목소리를 통해서 스스로를 찬양하고 축하하도록 한다. 이러한 확장된 자기주장은 하나님의 상대가 될 만한 것이지만 아마도 "그분" 즉 하나님을 지시하는 진술인 그분을 당해내는 것은 아니다. 그 승리의 노래조차도 결정적인 것은 야웨의 권능과 신의라는 것을 주장한다. 왕직에 있는 화자의 권능은 야웨의 권능에 종속하고 거기로부터 나온다. 결국 왕의 주장은 야웨를 찬양하고 순종하는 것으로 끝난다. 왕은 극적으로 야웨의 참된 통치에 순종한다.

그러므로 주님, 뭇 백성이 보는 앞에서 내가 주님께

> 감사를 드리며 주님의 이름을 찬양합니다. 주님은 손수 세우신 왕에게 큰 승리를 안겨 주시는 분입니다. 손수 기름을 부어 세우신 다윗과 그의 자손에게 한결같은 사랑을 영원무궁하도록 베푸시는 분이십니다(삼하 22:50-51).

모든 것이 야웨의 한결같은 사랑에 달려 있다. 야웨의 강력한 개입 이면에 있는 것은 야웨의 신의이다.

> 주님께서 구원의 방패로 나를 막아 주시며
> 주님께서 안전하게 지켜 주셔서 나의 담력을 키워 주셨습니다.
> 주님께서 당당하게 내딛도록 힘을 주시고 발목이 떨려서 잘못 디디는 일이 없게 하셨습니다….
> 주님께서 나에게 싸우러 나갈 용기를 북돋우어 주시고 나를 치려고 일어선 자들을 나의 발 아래에 무릎 꿇게 하셨습니다.
> 주님께서 나의 원수들을 내 앞에서 도망가게 하셨습니다(삼하 22:36-41).

사무엘하 22:7에서 야웨는 부르짖는 화자에게 응답한다. 이것은 22:42에 나오는 반대 응답과 짝을 이룬다.

> 그들이 주님께 부르짖었지만 응답하지 않으셨습니다
> (삼하 22:42).

결국 모든 것은 야웨의 응답에 달려 있다. 야웨가 응답하면 생명이 있다. 야웨가 응답하지 않으면 죽음만 있다.

구원의 노래(삼하 22:1-20)와 **승리의 노래**(삼하 22:29-51) 사이에 중간 대목이 있는데 22:21-28이 그것이다. 이 부분은 저 두 송영론적 부분과 대조적으로 교훈적이다. 그것은 **도덕적 대칭과 엄격한 보상**에 대해 말한다. 하나님은 의로움과 사악함에 따라 갚아주신다. 화자는 감히 다음과 같이 말한다.

> 내가 의롭게 산다고 하여 주님께서 나에게 상을 내려주시고(*gml*) 나의 손이 깨끗하다고 하여 주님께서 나에게 보상해주셨다(*šûb*).
> 진실로 나는 주님께서 가라고 하시는 그 길에서 벗어나지 아니하고 무슨 악한 일을 하여서 나의 하나님으로부터 떠나지도 아니하였다….
> 내가 버리지 아니하였다.
> 그 앞에서 나는 흠없이(*tmm*) 살면서 죄짓는 일이 없

> 도록 나 스스로를 지켰다.
> 그러므로 주님께서는 내가 의롭게 산다고 하여 나에게 상을 주시며 주님의 눈 앞에서 깨끗하게 보인다고 하여 나에게 상을 주셨다(*ṣûb*)….
> 주님께서는 흠없는 사람(*tmm*)에게는 주님의 흠 없으심을 보이시며…(삼하 22:21-26).

이 언어는 사무엘상 26:23에 나오는 언어와 다르지 않다. 거기서 다윗은 자기 자신의 의로움을 주장한다. 그러나 중요한 차이가 있다. 즉 초기 구절의 주장은 임박한 다윗의 이야기를 예고한다. 다윗 서사의 중대한 논점이 가까이 와 있다. 내레이터와 다윗의 목소리는 아직도 결백하다는 태도를 취할 수 있다. 그러나 이제 다윗 이야기의 끝에 자리하고 있는 이 시에서 그 주장은 다윗 이야기가 완전히 다 끝난 후에 제시된다. 우리는 그 이야기를 채웠던 탐욕스러운 자세한 내용을 알고 있다. 무죄하다는, 유덕하다는, 공로가 있다는 도도한 주장은 이제 보기보다 설득력이 떨어지며 참되게 들리지 않는다.

저렇게 대담한 언어로 주장하는 진술은 의로운 왕을

위한 높은 권좌의 왕권 신학이거나[10] 다시 말해서 그러한 자료에도 불구하고 강변하는 이데올로기적 주장이거나 아니면 아이러니한 진술이거나 둘 중 하나이다. 나는 그것이 현재의 위치에 자리하고 있다는 점에서 후자라고 생각한다. 이스라엘은 다윗을 그처럼 "깨끗이 정화되었다"고 찬양하는 그 이상으로 다윗을 더 잘 알고 있었다.

열왕기상 15:4를 보면, 즉 이스라엘 "왕의 등불"을 언급하는 곳을 참조하면, 신명기 저자는 다윗을 가장 명시적으로 말해주는 평결을 내리고 있다.

> 다윗은 주님께서 보시기에 올바르게 살았고 헷 사람 우리야의 사건 말고는 그 생애 동안 주님의 명령을 어긴 일이 없었다(왕상 15:4).

실로 그것만은 제외하고 그렇다! 이 사건은 크나큰 제외이다. 게다가 이 제외 서사(삼하 11-12)는 이스라엘에 주지의 것이고 간과될 수 없는 것이다.

---

10 다음을 참조. Brevard S. Childs, *Introduction to the Old Testament as Scripture* (Philadelphia: Fortress Press, 1979), 273-275.

열왕기상 15:5에 나오는 이 솔직한 시인으로 인해 다윗의 삶의 실재를 앞서 인용된 구절에 나오는 보상 신학의 드높은 주장과 어떻게 관련시킬 것인지에 관한 딜레마가 제기된다. 나는 이 시인이 다윗의 서사를 충분히 잘 알고 있으며 독자들도 마찬가지로 잘 알기를 바라는 마음을 가지고 있다고 생각한다. 다윗이 의롭다(*sedaqah*)거나 완전하다(*tamim*)고 특징지어지지 않는 점은 이스라엘에 주지의 사실이다. 실재하는 다윗은 이스라엘에 알려져 있고 이 늠름한 승전가 때문에라도 그는 거절되지 않을 것이다.

이 노래의 중간 부분(삼하 22:21-28)을 보면 다윗의 성공은 순전히 다윗이 유덕한 탓으로 돌아가는 데 반해 이 시의 다른 두 부분(삼하 22:1-20; 22:29-51)은 그에 관해 그보다 더 잘 아는 대목이 있다. 이 시의 모두에 나오는 구원은 분명히 야웨가 거저 주는 크나큰 은사이다.

이 시의 말미에서 축하하는 승리는 최종적으로 왕권 주장이 결정적 "그분", 즉 야웨에게 복종한다는 것이다. 따라서 다윗의 안녕은 그의 덕에 대한 보상이 아니다. 오히려 그것은 다윗의 죄를 목전에 두고도 야웨가 베푸는 대가 없는 선물이다. 이 시가를 여는 부분과 닫는 부분은 (매우 결백한 것으로 보이는) 중간 부분을 비판적으로 그리고 아이러니하게 읽을 것을 요구한다.

이렇게 세 부분이 병존해서 배치된 결과는 자립적으로 세운 유덕함과 공적을 왕이 주장하고 싶어도 그것을 주장하는 왕인들 여타의 모든 이스라엘 사람들과 같을 뿐이라는 것이다. 그는 야웨 앞에 빈손으로 간청하는 존재일 뿐이고 듣고 응답하고 개입하는 야웨의 자유 의사에 전적으로 의존하는 존재라는 것이다. 왕 자신의 인격과 경력은 실제로 아무 것도 성취하지 못했고 아무 것도 보장하지 못했고 아무 것도 보답 받지 못했다. 구원하는 자는 야웨, 항상 야웨이고 오직 야웨이다. 그것은 오로지 야웨일 뿐이고 다른 어느 누구도 아니고 왕은 확실히 아니다.

이러한 문맥에서 읽게 되면 그 시의 중간 부분은 매우 다르게 들린다. 사실상 그것은 처음 보는 것처럼 그렇게 왕을 찬양하지 않는다. 그것은 왕을 비난하고 다윗의 삶의 실상은 기꺼이 들으시고 무상으로 행동하시는 하나님을 필요로 한다는 것을 보여준다. 이 중간 부분은 왕이 공적과 권위를 소유하고 있으며 하나님에 대한 합법적

강청 권리가 있다는 어떤 주장도 단호하게 무효화한다.

표면적으로는 왕권 이데올로기를 찬양하는 이 시가는 현재와 같은 맥락에 놓이게 됨으로써 그러한 이데올로기를 위태롭게 하고 왕을 다시금 "부르짖으라–들으리라"는 오래된 언약적 실천에 복종하게 한다. 왕은 야웨 앞에 있는 간청자이다. 이것은 왕에게 특별하게 배정된 새로운 역할이 아니다. 왜냐하면 간청자라는 것은 이스라엘이 언제나 그렇게 해왔던 자기 존재 이외 다른 것이 아니기 때문이다.

4) 의에 기반한 언약: 사무엘하 23:1-7

이 시가는 틀림없이 높은 권좌의 왕권 신학을 고하는 소리이다. 23:1에서 다윗은 "높이 일으켜" "기름 부어" 세우신 왕이다. 23:2에서 왕위를 인준하는 자는 "야웨의 영"이다. 이 고양하는 주장은 23:5과 들어맞는다. 왕은 이렇게 주장한다.

> 하나님이 나로 더불어 영원한 언약을 세우시고 만사

에 아쉬움 없이 잘 갖추어 주시고 견고하게 하셨으니
(삼하 23:5).

"영원한 언약"이라는 어구는 시편 89:24, 89:33-36에서 되풀이해 들리는 사무엘하 7:14-16의 이데올로기적 중심 신조를 반향한다. 군주제에 대한 하나님의 보증은 무제약적이고 따라서 영구적이다.

그러나 군주제를 고도로 요구하는 두 구절, 즉 사무엘하 23:1-2과 23:5 사이에 결정적 동기가 도입되는 것이 너무나 기묘하지 않은가? 그것은 절대주의 이데올로기를 반대하는 구절이다.

> 모든 사람을 공의로 다스리는 왕은, 하나님을 두려워하면서 다스리는 왕은 구름이 끼지 않는 아침에 떠오르는 맑은 아침 햇살과도 같다고 하시고 비가 온 뒤에 땅에서 새싹을 돋게 하는 햇빛과도 같다고 하셨다(삼하 23:3b-4).

왕은 햇살, 햇빛, 비와 같다. 다시 말해서 왕은 실로 생명을 수여하는 자이다. 그러나 왕의 역할은 의, 즉 의로운 행동을 전제로 한다. 왕은 자동적으로 제한 없이 생명의 원천인 것은 아니다. 다만 왕이 토라에 따라 다스리는 한에서 그러하다.[11]

나는 이 시가가 왕권 신학을 일관되게 비판하는 것이라고 주장하는 것이 아니다. 하지만 그것은 놀라운 긴장을 명확히 하고 있다. 이 시의 시작과 끝에서 과장되게 주장하는 것을 이 중간 요소(삼하 23:3b-4)는 분명히 도전하고 있다. 의롭다는 조건은 모든 손쉬운 왕의 주장에 경고를 보내는 것이다. 복종이라는 조건과 정의라는 조건, 그리고 언약적 실천이라는 중대한 조건을 고수하고 널리 알리는 것은 오래된 언약적 전통이다.

따라서 이 핵심적인 까다로운 구절은 사무엘 자신에 의해서 강력하게 분절되어 명확하게 표현된 조건을 반향한다. 사무엘은 왕권 이데올로기를 끝없이 미심쩍게 여

---

11 삼하 23:1-2, 5과 23:3 사이에 긴장이 있는 것은 시편 72:1-4, 12-14와 72:5-11, 15-17 사이에 긴장이 있는 것과 동일한 구조이다. 시편의 앞 구절은 왕의 책임을 말하고 뒤 구절은 왕의 권력과 영예를 말한다. 시편 72편은 우리의 시에서처럼 왕의 권력이 책임에 좌우된다는 것을 명시적으로 말하지 않지만 그 함축은 분명히 동일한 것으로 보인다.

긴다. 사무엘은 이스라엘에 경고했다.

> 만일 당신들이 주님을 두려워하여 그분만을 섬기며 그분에게 순종하여 주님의 명령을 거역하지 않으며 **당신들**이나 당신들을 다스리는 **왕**이 다 같이 주 하나님을 따라 산다면 모든 일이 잘 될 것 입니다. 그러나 주님께 순종하지 않으면…주님께서 손을 들어 **당신들과 당신들의 왕을** 쳐서 멸망시킬 것입니다.… 만일 당신들이 여전히 악한 행동을 한다면 **당신들도** 망하고 **왕도** 망할 것입니다(삼상 12:14-15, 25).

이 경고에는 불길한 어구, 즉 "당신들", "왕"이라는 표현이 세 번 나온다. 왕은 여타의 모든 이스라엘 사람들과 다르지 않다. 왕은 바로 "당신들과 같고" 모든 이스라엘 사람들과 같다. 이들은 모두 동일한 규범과 기대에 복종하고 동일한 위험에 노출되어 있다. 언약은 결코 영원하지 않다는 것이 판명된다. 오히려 언약은 왕의 지배가 의롭고 그 권력이 언약에 따라 통치하는 한 존재한다. 따라서 사람들은 왕권 신학의 고차적 주장을 너무 많이 자신해서는 안 된다.

사무엘하 23:3에 나오는 조건은 우리야-밧세바 사건 이후에 나단이 다윗을 책망하는 데서 작용하는 것과 동일한 것이다. 더욱이 열왕기상 2:2-4에도 동일하게 "~라면"이라는 조건이 신명기 저자에 의해서 다윗의 입으로 주문된다. 사무엘하 23:1-7에서 왕권 이데올로기는 침묵을 지키는 것이 아니라 심각한 제한과 비판을 받는다. 따라서 부록의 두 시에서 우리는 왕권 신학을 참으로 찬양하지만 동시에 그 과도한 진술과 주장을 향해 경고하는 공들인 예술적 기교를 보게 된다.

이렇듯 이 하나의 시집에서 왕권은 그 권리를 주장하면서도 동시에 같이 제한을 받는 것이다. 미결정성을 이렇게 연출하는 것은 아마도 이스라엘이 어떻게 토라와 왕이 지속적으로 겪는 긴장을 최고의 경각심을 가지고 생각해야 했는지를 정확하게 반영한다고 보아야 할 것이다.

5) 새로운 유형의 위대성: 사무엘하 23:8-39

부록에 있는 두 번째 명단은 두 부류의 영웅 명단이

다. 즉 "세 명"의 용사와 "삼십 명"의 용사이다. 이 사람들은 특별 기념일에 거명되는 군사적 용기와 위업을 달성한 위대한 용사들이다. 이것은 초기 이스라엘의 명예의 전당에 해당하는 셈이다. 나는 다만 이 명단에 대해 네 가지만 논평하고자 한다.

첫째, 이 명단은 주목할 만한 민주적 성향을 증거한다. 군주제 이전의 초기 이스라엘은 많은 영웅들을 가지고 있다. 많은 영웅적 행위가 알려지고 기억에 남아 있다. 그들의 이름은 정확하고 분명하다. 다윗은 위업과 공적 선포에 대한 독점권을 소유할 필요가 없었다. 그러한 민주화의 성향은 분명히 높은 권좌의 왕권 신학을 반대하는 쪽으로 작용한다. 왕이라는 인물을 절대주의자로서 숭배하게 되면 다른 영웅은 있을 수 없다. 왕의 이름을 제외하고는 어떤 이름도 존경의 대상일 수 없다. 왕이 여타의 모든 주장을 무효화하고 모든 위업과 공적을 독점한다.

이 명단에서 권력은 아직 공유하는 편이고 그 영광은 왕 주위 사람들이 나누어 가진다. 진실로 이 명단에서 다윗은 어떤 상당한 것을 하는 인물이 아니고 자기 무용이나 용기로 찬양을 받지 않는다. 정확하게 필적하는 맞수는 아니지만 이 포괄적 명단에서 다윗은 사울이 사무엘상 18:7-8에서 시기하는 만큼의 시기 대상이 아니라는 점이 시사된다. 거기서는 여인들이 사울뿐만 아니라 다윗까지도 호명하고 환영함으로써 사울이 격분한 적이 있다. 이 명단이 시사하는 점은 왕권 신학 쪽으로 열려 있다는 것과 아직 그에 대한 방어적 자세는 요구되지 않는 상태라는 것이다.

둘째, 사무엘하 23:10, 12에서 보고된 승리는 야웨의 탓으로 돌아간다.

> 주님께서 그날…큰 승리를 안겨주셨으므로(삼하 23:10).
> 주님께서 그 날 큰 승리를 안겨 주셨다(삼하 23:12).

이 명단에는 신율적 배역에 의한 출연진이 들어 있다. 여기서 야웨는 열쇠가 되는 결정적 행동을 하는 배우로 간주된다. 이 구절의 공식 제문에는 다윗에 대한 언급이 전혀 없다. 그리고 이것은 그 명단이 다윗은 이스라엘의 안녕에 있어 주변적인 인물에 불과하다는 것을 알고 있다는 것을 시사한다. 사무엘하 8:6, 14은 야웨가 다윗에게 승리를 안겨 주셨다고 말하고 8:13은 다윗이 "이름을 떨쳤다"고 말한다. 하지만 여기에는 전혀 나오지 않는다.

이 명단에서 다윗은 그러한 강조의 대상일 필요가 없고 어떤 강조도 받지 않는다. 그 서사의 신율적 배역은 다윗을 심각하게 상대화시키고 이미 주목된 민주화의 성향과 짝을 이룬다. 신율적 성향과 민주화의 성향은 모두 높은 권좌의 왕권 신학을 반대하여 비판적으로 작용한다.

셋째, 삼십 명 명단 중에서 제일 마지막에 기록된 이름은 "헷 사람 우리야"이다(삼하 23:39). 우리야의 이름이 포함되는 것은 진부한 일인지도 모른다. 아마도 그의 이름은 그의 공적 때문에 여기에 소속되었을 것이다.

하지만 그의 이름이 맨 마지막에 있다는 것은 진부할 수도 우연일 수도 없다. 우리야의 이름은 표지자로서, 기억자로서, 경고자로서, 그리고 과감한 강조자로서 최후의 것이다. 위대한 이름의 낭송이 종료되고 난 후에도 우리야의 이름은 계속해서 우리의 귓전을 울리고 있다. 그 울림은 사무엘하 11장의 탐욕스러움을 회상시킨다.

이것은 에드워드 케네디(Edward M. Kennedy)의 차파퀴딕 섬의 사건을 망각할 수 없는 것과 마찬가지이다. 모든 것이 명시적으로 말해질 필요는 없다. 어떤 것은 암시나 시사 정도만 필요하다.

"헷 사람 우리야"라는 어구의 불길함은 그 소리를 들을 때마다 점증한다. 그 명단이 주장하는 것은 왕권의 주장이 무엇이라고 하더라도 "우리는 망각하지 않았다"는 것이다. 왕이 잠깐이지만 토라의 주장을 망각하고 자신이 토라에서 안전하다고 상상할 때 우리가 기억하는 것은 왕권의 오만, 교만, 자율성 그리고 야만성의 결정적 시나리오이다. 우리는 또한 나단의 힐난(삼하 12:7), 다윗의 회개와 상함(삼하 12:13), 집안 대대로 막연하게 이어질 칼부림을 예언하는 나단의 무시무시한 선언(삼하 12:10)을 망각하지 않았다.

그 명단에 우리야가 있다는 사실은 이스라엘에게 왕과 왕 자신의 지나친 주장을 넘어서, 조롱할 수 없고 이용당할 수 없고 무효화될 수 없는 다른 통치가 있다는 것을 상기시켜준다. 왕의 "눈이 보기에 기뻐하는" 것이 반드시 "야웨의 눈"을 기쁘게 하는 것은 아니다(삼하

11:25, 27). 이 명단은 신율 또는 민주화에 관한 일반적 진술 그 이상으로 활용된다. 그것은 왕권 이데올로기에 대한 이스라엘의 기초적인 비판을 구성하는 아주 특별한 기억의 동원이자 집행이다. 이 명단은 왕권의 주장을 심히 무너지기 쉬운 것으로 만드는 대담한 각주이다.

넷째, 이 특별 명단의 중간에 기묘한 감동을 주는 서사가 나온다(삼하 23:13-17). 그것은 베들레헴 우물의 식수를 마시고 싶은 다윗의 소원을 기록한다. 그는 블레셋 군대와 싸우고 있는 중이었다. 그의 말은 요청보다도 소원이라고 해야 하는데 물론 명령은 확실히 아니다. 그의 부하들은 그를 매우 받들고 있고 그 소원을 따르는 열정을 가지고 있으므로 생명을 무릅쓰고 베들레헴 우물의 식수를 안전하게 가져온다. 그들은 스스로들 기뻐한다. 그들은 다윗이 만족하고 표창할 것이라고 기대한다.

그러나 다윗은 항상 우리의 예측을 벗어난다. 장엄한 연대의식에서, "성례전적 상상" 행위에서 다윗은 어렵게 획득한 그 물을 땅바닥에 부어버린다.[12] 그는 이렇게 말한다.

---

12 "성례전적 상상"에 대해서 다음을 참조. Jack L. Seymour et. al.,

> 주님, 이 물을 어찌 제가 감히 마시겠습니까! 이것은 목숨을 걸고 다녀온 세 용사의 피가 아닙니까(삼하 23:17).

그의 부하들은 한층 더 그를 받들고 그의 일시적 기분과 소원이 무엇이라고 해도 복종해야 했음에 틀림없다.

확실히 그 이야기는 다윗의 위대함을 더욱 고양하고자 의도된 것이다. 그러나 그 이야기는 위대함을 특별하게 개념 규정하는 것에 초점을 맞추는 것이며 또 그것을 노리는 것이다. 그것은 절대주의를 반영하는 장엄과 영예를 뜻하는 위대함이 아니다. 그 이야기에 나오는 다윗은 뒤로 물러나 왕궁에 남아 있지 않고(삼하 11:1; 18:3-4; 21:17 대조) 전장에서 싸우는 자기 동료들과 위험을 무릅쓴다.

그 서사는 싸우고 있는 자기 부하와 함께 하는 다윗의 연대의식의 위대함에 관한 것이다. 더욱이 다윗은 욕구를 요구하는 사람이고 적어도 충족되어야 할 욕망을 가지고 있다. 다윗은 부하들을 종으로 대우하지 않고 내레

The Church in the Education of the Public (Nashville: Abingdon Press, 1984), 134-153.

이터는 그들을 종으로 소개하지 않는다.

물론 가장 중요한 논점은 다윗이 그 물을 마시지 않았다는다는 것이다. 다윗은 자기 동료의 섬김과 위험으로부터 오는 이득을 취할 자격이 있다고 생각하지 않는다. 다윗은 균형이 맞지 않는 이득을 주장하지 않고 확실히 독점권을 주장하지 않는다. 높은 왕권 신학에서 왕은 독점은 아닐지라도 좋은 것의 불균형적 공유를 배정받는 것을 그 특징으로 한다.

그러나 다윗은 그러한 특전적 지위를 사양하고 연대의식 속에서 행동한다. 다윗은 분명히 용장들을 다스리는 위대한 힘을 가지고 있다. 그러나 그의 권력은 위엄있는 인간다움의 권력이지 관료적 영향력의 이데올로기적 우수성이 아니다.

이 짧은 서사는 내레이터가 추천하는 다윗의 위대함을 묘사한다. 그것은 관료적 절대성의 위대함도 아니고 전투를 지휘하는 지배력의 위대함도 아니다. 그것은 정확히 말해서 자기 자신을 위한 유익을 추구하지 않고 특전적 지위를 조장하지 않는, "형제 가운데" 있는 한 사람의 위대함이다(신 17:15 참조).

"세 명"과 "삼십 명"의 명단 중간에 나오는 이 에피소드는 다윗을 갈등 상황, 생명 위험 상황에 있는 것으로 소개한다. 다윗이 용사들의 존경을 받는 것은 틀림없다. 그러나 다른 사람들도 "위대한 사람"이다. 다윗의 걸출함은 형식적이지 않고 강요된 것도 아니고 연대감 속에 있으려는 그의 자발성에서 나온다. 이 서사는 고위직 요구(막 10:42-43)와는 매우 다른 유형의 위대성을 모형화한다.

6) 조사는 했지만 오직 하나님의 자비로: 사무엘하 24:1-25

마침내 우리는 부록에 있는 두 번째 서사 즉 가장 흥미로운 서사에 도달한다. 그것은 사무엘하 24:1에서 시작하는데 거기는 야웨가 이스라엘에 진노하고 이스라엘 백성을 치시려고 다윗을 "부추기셨다"고 진술되어 있다. 그 서사는 "백성을 치시려고"라는 이상한 제안으로 시작한다. 야웨는 유다의 인구를 조사하려는 마음을 다윗에게 불어넣으신다.

24:1은 다윗이 알지 못하는 것이고 서사의 플롯을 벗어나 있는 행동 영역이다. 그것은 다윗의 통치에는 다윗

이 알거나 지배하는 것보다 더 많은 것이 진행되고 있다는 사실을 주장한다. 진실로 그 구절은 다윗이 자신의 인생 경로에서 스스로는 틀림없이 주요 배우라고 생각했을지 몰라도 결코 그렇지 않다는 사실을 주장한다.

더욱이 그것은 왕의 인구 조사가 스스로는 틀림없이 그렇다고 생각했지만 중립적 정책 도구가 아니라 실제로는 야웨가 진노한다는 오직 그 이유만으로 이스라엘을 치는 심판 행위라는 사실을 주장한다.

이 첫 구절에는 심대한 서사적 암시가 있고 신학적 의도가 실려 있다. 그러나 그것은 다윗에게든 우리에게든 명백하지 않다.

국가 정책 시행이 야웨의 분노의 집행으로서 나타난다. 우리는 그 분노에 대한 이유에 관해 아무 것도 아는 것이 없다. 야웨의 분노는 그 서사에서 그냥 처음부터 주어진 것이다. 24:2에서 우리는 다윗이 인구 조사를 시행하고 추진한다는 말만 들을 뿐이다. 24:1과 24:2 사이에 야릇한 침묵의 간격이 있다. 다윗은 야웨의 "부추김"에 복종한다. 인구 조사에 대비하는 다윗의 준비도는 마찬가지로 이제는 이미 다윗의 권한에 들어와 있고 다윗에게 습관이 되어버린 권력과 왕권 이데올로기의 가동을 암시한다.

야웨의 사주(삼하 24:1)와 다윗의 계획(삼하 24:2)은 요압의 강력한 저항(삼하 24:3)을 받는다. 요압은 오랜 전통의 성마른 목소리이다. 내레이터는 다윗의 신국가 정책에 반대하고자 요압의 목소리를 이용한다. 그러나 요압은 다윗을 설득하지 않는다. 다윗의 정치적 결단이 야웨의 숨은 주도권과 한 쌍으로 결부되어 있을진대 요압이 어떻게 그 결단에 반대할 수 있겠는가!

인구 조사의 집행은 그 내용이 주목할 정도로 자세하다(삼하 24:4-9). 인구 조사의 특징 묘사를 통해서 행정적 혼란, 서두르는 말들, 무자비한 관리들, 고압적인 무정한 관료들, 반응 없는 막막한 마을을 질타하는 행정 책임자들을 드러내 보여준다. 인구 조사는 군주가 마을과 종족 생활을 침략하는 관료적 테러리즘의 형태이다. 왕권의 침투는 마을의 경계를 위협하고 공동체를 혼란에 빠뜨리고 마을과 종족의 자원을 그 마을과 종족에 무심한 목적을 위해서 동원하고 뒤진다. 인구 조사는 오로지 왕의 행정과 그에 따른 배치에만 복무하고 마을을 섬기지 않는다.

사무엘하 24:9에서 우리는 다윗의 인구 조사의 목적을 알게 된다.

> 칼을 빼서 다룰 수 있는 용사가 팔십만이 있다고 유다에는 오십만이 있었다(삼하 24:9).

이것은 왕이 싸우러 가기 전에 비용을 계산하는 것과 같다(눅 14:28). 진실로 시장 조사라는 현대 사회의 열정을 넘어서 인구 조사는 오로지 두 가지 목적에만 봉사할 수 있다. 하나는 징세이고 다른 하나는 징병이다. 다윗은 자기 자신의 권력, 야심 확장, 자기 극대화 목적을 위해서 관심과 반응이 없는 마을을 동원하고 있는 셈이다. 다윗은 사무엘이 사무엘상 8:11-18에서 예기한 대로 이제 "데려갈" 준비가 되어 있다. 이것은 그 모든 특성상 아무런 매력도 없이 분리를 가져오는 왕권 정책이다. 인구 조사는 공공 생활의 기초적 토대를 바꾸어 놓는다.

인구 조사가 완료되자 다윗은 갑자기 다음과 같이 주장한다.

> 내가 죄를 지었습니다.…내가 너무나도 어리석은 일
> 을 하였습니다(삼하 24:10).

우리는 어떻게 다윗이 자기 죄를 그렇게 자각하게 되었는지 전혀 모른다. 그것은 탕자가 집에 돌아오는 것처럼 다윗이 "제정신으로 돌아온" 것과 같다. 이 서사에서 다윗은 왕권 이데올로기의 위험한 유혹을 확인하기에 충분할 정도로 자신의 야심이 깃든 정책으로부터 비판거리를 취한다.[13]

다윗이 새로운 자각 속에서 보여주는 반응은 기도하는 것이다. 그의 고백과 기도가 완전한 반전, 즉 그가 방금 이행하고 있었던 자율성의 이데올로기와의 완전한 단절을 수행한다. 이러한 종교적 순복의 순간에 다윗은 더 이상 자기 충족적 야망의 노예가 아니다. 그는 토라 종

---

13 이 성경 본문에서 다윗은 토라 위반을 스스로 자각할 정도의 주목할 만한 불가해한 능력을 가지고 있다. 이것은 삼하 12장과는 다르다. 거기는 다윗의 자기 기만이 더 큰 문제로 되어 있는 곳이다. 12장은 나단의 설득력과 영향력을 대면하게 함으로써 다윗의 죄를 논점화하려는 것이다. 12장과 24장 사이의 대조는 이 부록에서 제시된 다윗이 그 두 장이 옹호하는 유서 깊은 언약 전통에 훨씬 더 많이 열려 있다는 점을 시사한다.

교의 고된 실재와 접촉하면서 다시 돌아온다.

다윗은 예언자 갓의 중재로 세 가지 징벌 가운데 어느 하나를 택하도록 허락된다. 그것은 흉년, 전쟁, 전염병이다(삼하 24:11-13). 다윗은 고전적 가능성들 가운데 어느 하나를 선택해야 한다. 선택들이 주어지는 이유에 대해서 우리는 들은 바가 없다. 선택 사항의 제공은 그 서사의 연출에 속한다. 다윗의 반응은 놀라운 것이다. 다윗은 앞서 사무엘하 24:1-4에서 우리가 예상하지 못했을 신학적 온순성과 민감성을 증거한다. 다윗은 갓에게 다음과 같이 대답한다.

> 괴롭기가 그지없습니다. 그래도 주님은 자비가 많으신 분이니 차라리 우리가 주님의 손에 벌을 받겠습니다. 사람의 손에 벌을 받고 싶지는 않습니다(삼하 24:14).

이 서사의 모두에 다윗은 자신이 자기가 하고 싶은 것을 자유롭게 할 수 있는 존재라고 상상했었다. 그는 야웨와 함께 계산하지 않는 사람이고 야웨에게 의지하지 않는 사람이다. 그는 어떻게든 잘 해낼 수 있다.

이 서사에 있는 이러한 결정적 전환에서 우리는 매우 다른 다윗을 제시받는다. 사무엘하 24:10 이후부터 다윗은 더 이상 자율적 사람이 아니고 어떻게든 잘 해낼 수 있는 사람이 아니다. 이제 그는 반응할 줄 아는 왕이다. 그 차이는 그가 야웨의 통치권 안으로 다시 들어갔다는 점이다. 그는 자신의 실패에 대한 인정을 통해서 그 영역으로 들어간다.

그러나 최우선적 자리에 놓이는 새로운 실재는 자신의 실패에 대한 다윗의 인식이 아니라 야웨의 자비에 대한 그의 인정이다. 이제 이 서사에서 결정적이게 되는 것은 야웨의 자비이다. 그것은 다윗이 이 서사에서 이전에 표현하지도 않고 인정하지도 않았던 자비이다. 이 이야기는 다윗과 야웨의 새로운 결속점 때문에 24:10에서 전환을 이룬다. 다윗은 어떠한 인간적 교류에서도 기대하지 않는 야웨의 자비를 받아들일 것이다. 다윗이 벌을 택하라는 명령은 이 서사에 나오는 야웨에 대한 다윗의 신뢰, 야웨에 대한 다윗 자신의 새로운 신뢰이다.

이 서사는 연출의 또 다른 요소를 보여준다. 야웨는 자비를 베풀지만 신속하게 또는 쉽게는 아니다. 전염병이 이스라엘 전역을 강타한다(삼하 24:15). 죽음의 천사가 사정없이 제멋대로 쳐죽인다. 죽은 사람이 칠만 명이나 되고 난 후에 그 천사가 예루살렘 쪽을 치려고 하니 그때 야웨가 천사를 거두어들인다(삼하 24:16). 거룩한 도시, 다윗의 도시가 용서된다. 결국 야웨는 자비롭다.[14] 야웨는 죽음이라는 말을 다윗의 도시를 치는 최후의 말로 허락하지 않을 것이다. 왜냐하면 다윗을 향한 야웨의 최후의 말은 자비이기 때문이다.

다윗에게 책임이 있는, 그리고 그 책임이 자기에게 있다는 것을 아는 이 대규모의 죽음 때문에 다윗은 사무엘하 24:10의 고백을 24:17에서 다시 반복하게 된다. 먼저 나온 구절의 이중 고백은 다음과 같다.

내가 큰 죄를 지었습니다.
내가 너무나도 어리석은 일을 하였습니다(삼하 24:10).

---

14 이 서사에 나오는 하나님의 정의에 많은 어려운 문제가 있는 것은 확실하다. 그러나 내레이터는 그 모든 문제를 괄호 안에 넣는다. 그는 그러한 문제들이 그 이야기에 존재한다는 것을 언급하지도 심지어 인정하지도 않는다.

"너무나도"(*me'od*)라는 부사가 그 고백을 강렬하게 만들기 위해 두 번 사용된다. 24:17의 이중 고백은 이와 다르다.

> 내가 죄를 지은 사람입니다.
> 내가 이런 악을 저지른 사람입니다(삼하 24:17).

여기에서는 강화 부사(*me'od*)가 빠져 있다. 하지만 뒤따르는 간구도 변화가 있다. 24:10에서 다윗은 자기 자신을 위해 기도했다. 그러나 이제 24:17에서 다윗은 자기 자신을 넘고 자기 백성, 즉 야웨가 24:1에서 최초로 분노를 보여주었던 사람들을 위해 기도한다.

> 백성은 양떼일 뿐입니다. 그들에게는 아무런 잘못도 없습니다. 나와 내 아버지의 집안을 쳐 주십시오(삼하 24:1).

이것은 성숙이 최고에 달한 기도이다. 다윗은 자신이 유죄라는 것을 안다. 그는 충분히 받아 마땅한 벌이 자신과 자신의 가족에 맞추어져야 하고 죄가 없는 영역에 쏟아져서는 안 된다는 것을 안다. 이러한 간구의 기도에서 다윗은 왕권 이데올로기와 결정적으로 단절하고 최종적으로 중요한 것은 왕국이지 왕이 아니라는 것을 이해한다.[15]

사무엘하 24:18-25a는 긴 서사 막간으로 아마 본래는 병인학적 이야기, 다시 말해서 사건의 원인을 설명하려는 의도로 만들어진 이야기이다. 이 구절들은 다윗이 어떻게 제물을 위한 적합한 제단을 구입하는지와 또 제물을 바치는지를 말해준다. 다시 말하면 그것은 나중의 성전 부지가 어떻게 다윗의 매입에 뿌리를 두고 있는지를 설명한다. 이 서사는 해결의 전환과 함께 마무리된다.

---

15 삼하 24:17에 나오는 다윗의 열정적 간구는 겔 34장이 비판한 왕권 이데올로기와 날카로운 대조를 이룬다. 34장에서 왕들(목자들)은 양떼의 복지에 아무런 관심도 없고 자신만의 안녕을 위해 양떼들을 끝없이 착취했었기 때문에 저주를 받는다. 아주 대조적으로 다윗은 양떼를 보호하려고 노력한다. 다시 말해서 공동체의 다스림을 얻으려 하고 마땅한 벌은 자신과 자기 집안에만 맞추어져야 한다는 간구를 추구한다. 이 서사는 다윗으로 하여금 자기 이익을 도모하는 왕권의 실천과 단절되게 한다.

> 다윗이 땅을 돌보아 달라고 주님께 비니 주님께서
> 그의 기도를 들어주셔서 이스라엘에 내리던 재앙이
> 그쳤다(삼하 24:25b).

24:25은 묘하게 직접적으로 야웨가 이스라엘에 진노한 24:1과 연결된다. 이제 25절에서 야웨의 분노는 다윗의 제사와 기도로 가라앉는다. 다윗은 언약 규정으로 야웨를 대하는 왕이 되었다. 이 서사는 다윗의 주목할 만한 변혁, 즉 인구 조사를 행하던 절대주의자의 "해체"를 수행한다. 인구 조사를 주도하여 오만하게 자기 이익을 도모하는 왕은 이제 자기 백성을 위한 간구를 청원하고자 하나님의 자비에 의지한다. 마침내 다윗은 인구 조사로 착취하고자 했던 바로 그 자기 백성을 구원한다.

이 서사를 통해 다윗은 고유한 언약적 삶의 방식으로 복귀했고 이 삶의 방식은 왕권 이데올로기와 야웨의 "부추김"에 의해서 벗어나게 되었던 삶의 방식이었다.

4. 과도한 요구의 문학적 전복

사무엘하 21-24장은 이미 독립적으로 존재했던 문학적 전통으로부터 구축된 주목할 만한 기묘한 의도적 문학적 통일성이다. 하나로 합쳐지게 됨으로써 이 자료들은 다음과 같은 것들을 시사하게 된다. 즉 왕권 주장의 기묘한 전복, 교만과 자율성과 자기 충족성의 형태를 취한 과도한 이데올로기의 가면 폭로, 그리고 참된 왕권은 언약에 대한 책임성을 존중하는 것과 모세 전통의 하나님의 뜻에 복종하는 것에 관계한다는 주장을 시사한다.

이 서사는 단순하게 이러한 문제들만을 보고하는 것이 아니라 사실상 그것이 옹호하는 것을 수행한다. 그것은 이스라엘에게 이러한 극적 결과를 쉽게 알아 볼 수 있도록 하고 이 결과에 의해서 자기 이익을 도모하는 오만한 왕은 자신이 나왔던 야웨의 실재로 되돌아간다. 매번 이스라엘은 이러한 서사를 청종하고 그리하여 왕의 권력이 또 한 번 토라 종교의 강력한 진리를 깊이 새기게 하는 해체의 드라마에 참여한다. 나의 독법에 따라 다음과 같은 논평을 제시한다.

1) 2개의 서사에서

(1) 사무엘하 21:1-14에서 살인죄에 대한 보상이 다루어지는데 여기서 다윗은 진정한 종교적 위기에 마음을 쓰는 극도의 종교적 죄책감의 자식이거나 아니면 피에 굶주린 현실 정치의 실천가로서 나타난다. 어느 경우이든 다윗은 관료제의 대군주는 아니고 그가 잘 처리할 수 없거나 이해할 수도 없는 숨은 힘에 마음을 쓰는 사람이다. 이 성경 본문의 쟁점은 거대한 세속적 권력이 형성되거나 강화되거나 하는 문제들이 아니다.

(2) 사무엘하 24:1-25에서 다윗은 자기 이익 도모형의 관료적 군주로부터 야웨의 자비에 의존하는 회개하는 간구자로 변혁된다. 이 서사에 나오는 다윗은 의도를 가진 신학적 범주에 따라 재기술된다.

2) 2개의 명단에서

여기서 다윗은 권력을 가진 리더로서 묘사되는데 그것

은 그가 조종하지 않는, 심지어 지원하지 않는 여타의 신실한 충성스러운 인물들과 같이 하는 맥락에서 묘사된다.

(1) 사무엘하 21:15-21에서는 왕권 신학의 높은 주장이 있다(삼하 21:17). 하지만 그것은 지쳐 있고 활력이 없다는 진술들로 에워싸여 있다. 왕은 이스라엘의 용기와 효력을 좌우하지도 집행하지도 못한다.

(2) 사무엘하 23:8-39에서는 다윗이 신율적 민주적 실천의 지평 속에 설정되어 있다. 다윗은 지배하는 왕으로서가 아니라 연대 의식을 가진 동료로서 묘사된다.

3) 2개의 시가에서

여기에는 실로 고차적 왕권 신학의 찬양이 있다. 그러나 그 두 시가는 모두 그 고차적 주장을 비판하고 제한한다.

(1) 사무엘하 22:1-51에서 왕의 찬양을 제한하는 것은 야웨의 주도성에 관한 육중한 주장이고 또 (우리가 다윗에 관해 알고 있는 것이라고 하는 가정 하에서) 왕의

의로움과 깨끗함의 자기 선언이 야웨의 구원과 배려의 근거일 수 없다는 깨달음이다.

(2) 사무엘하 23:1-7에서 "영원한 언약"이라는 고차적 주장은 그 언약이 왕이 행하는 의로움에 달려있다는 깨달음에 의해서 위태롭게 된다.

이 일련의 성경 본문을 부록으로 마무리하는 최종 단계에서 다윗은 더 이상 지나친 야만적 군주처럼 보이지는 않고 "온갖 영화를 누린 솔로몬"과도 같지 않다. 진실로 다윗은 견고하고 곤궁에 빠지지 않는 솔로몬과 같기보다는 부서지기 쉽고 곤란에 처하며 불임으로 간청하니 주님께서 들어주시는 한나에 훨씬 더 많이 닿아 있다(삼상 1:9-28). 하나님이 한나의 기도를 들어주실 때 한나는 그분을 찬양하는 노래를 부른다.

> 가난한 사람을 티끌에서 일으키시며…귀한 이들과 한 자리에 앉게 하시며 영광스러운 자리를 차지하게 하신다(삼상 2:8a).

결국 다윗은 한나와 같다.[16] 사무엘하 24장에서 다윗이 왕으로서 하는 주요 사역은 자비를 간구하는 것이다. 그 이야기가 끝날 때 이르러 야웨는 간구를 들으시고 이스라엘을 구원한다(삼하 24:25).

고백하고 간구하고 회개하는 행동에서 다윗은 낮은 이들을 일으켜서 귀한 이들과 한 자리에 앉게 하시는 하나님을 신선하게 자각한다. 다윗은 이렇듯 자신의 부서지기 쉬운 연약함으로 노래를 부를지도 모른다. 그는 거듭 귀한 이들과 자리를 함께할지도 모른다.

그러나 이제부터 다윗은 자신이 가난한 사람들 중에서 나온다는 것을 기억할 것이고 따라서 그는 깜짝 놀랄 수도 감사할 수도 의존적일 수도 있다.[17] 이러한 다윗이

---

16 한나와 다윗의 본문 관련 극적 관계에 대해서 다음을 참조. Walter Brueggemann, "I Samuel 1: A Sense of a Beginning," *Zeitschrift für die alttestamentliche Wissenschaft* 102 (1990), 33-48.

17 다윗은 단 4장에 나오는 느부갓네살과 다르지 않다. 고된 역경을 통해서 느부갓네살은 권력은 특권, 공적, 올바름 등에 의해서 보유하는 것이 아니라 야웨가 "뜻에 맞는 사람에게" 권력을 주신다는 것을 배웠다. 다윗은 자신의 상황이 변화된 처지에 놓임으로써 동일한 어려운 실재를 배우게 된 것처럼 보인다. 다윗의 서사와 느부갓네살의 서사는 모두 권력에 대한 성경의 일관된

라면 왕권 이데올로기의 위협과 유혹에 최소한 당분간은 저항할 채비를 갖추고 있는 셈이다.

5. 서사에서 수행된 신앙 복귀의 길

사무엘하 5-8장을 연구한 플래네이건의 저서에서 알려진 바와 같이 사무엘하 21-24장을 해설하는 것은 바로 이 본문을 이행 의식과 관련시키는 것이었다. 그 본문에 의해서 제시되고 수행된 이행 의식은 그 주요 이야기인즉슨 권력을 주장하는 다윗의 안정과 합법성을 탈각시키는 것이었다.

다윗은 성장해서 자기 충족적이 되었고 반응 없는 자가 되었다. 그는 자신의 동료 부하와 야웨를 전혀 필요로 하지 않는 것 같았다. 그는 자신만의 길을 걸어갈 충

주요 주장, 다시 말해서 권력은 야웨로부터 오는 선물, 무상의 하사품으로서만 보유된다는 것을 명확히 표현한다. 야웨의 그러한 무상의 하사품을 벗어나서 왕은 이스라엘이든 바빌론이든 아무런 권리나 권력을 가지고 있지 않다.

분한 자원을 소유했다. 이 실제적 자기 충족성이 이스라엘의 필수불가결한 구조로서 왕의 지위를 인도하는 왕권 신학과 결탁했다.

사무엘하 21-24장의 서사는 극적으로 자율적 자족적 권력의 개념에 반대하는 방향으로 움직인다. 부록에 해당하는 이 본문은 그러한 부당한 요구를 지지할 수 없는 것으로 노출하고자 하며 그보다 더 오래된 비판적 전통의 견지에서 권력의 다른 길을 스케치하려고 의도된 것이다. 왕권 주장에 대한 비판적 노출과 언약적 가능성에 대한 대안적 스케치가 기묘한 예술적 기교로 완수된다. 이 본문은 오랜 전통적 자료를 취합하여 약간의 새로운 것이 되고 이를 주의 깊게 배열함으로써 사무엘하 24:25의 결론에 이른다. 이 마지막 구절에서 다윗은 빈손으로 간청하는 자이다. 이러한 조건에서 다윗은 들리고 이스라엘은 구원된다.

6. 재상상된 삶의 무대로서의 예전

이 서사적 이행 의식으로부터 예전에 대한 탐구로 그리하여 이 본문이 어떻게 예전의 위험과 전망에 주목하도록 초대하는가 하는 문제로 넘어가는 것은 쉬운 행보이다. 예배는 하나님의 영광을 목표로 삼는다. 우리는 빈틈없이 하나님이 영광을 받도록 예배한다. 그러나 사회학자와 인류학자는 공적 예배의 잠재적 작용과 부산물이 그 예배에서 일반적으로 인정하는 신학적 작용 그 이상이고 또 그것과 다르다는 것을 주시했다.

다시 말해서 예전은 하나님을 영광스럽게 할 뿐만 아니라 공동체를 구성하고 공동체를 위한 신빙성의 구조를 산출하기도 한다.[18] 이러한 예전의 작용은 결코 명시적이지 않고 직접적이 아니고 즉각적으로 보이는 것은 아니지만 뜻을 함께하면 그렇게 될 수 있다.

이행 의식으로서 이 본문(사무엘하 5-8장은 종족의 우두머

---

18 세계 구성으로서의 예전에 대해서 다음을 참조. Walter Brueggemann, *Israel's Praise: Doxology Against Idolatry and Ideology* (Philadelphia: Fortress Press, 1988), chapter 1.

리에서 왕의 지위에 있는 인물로 이행하고 21-24장은 왕의 지위에 있는 인물에서 다시 종족의 우두머리로 이행한다)이 시사하는 바는 예전, 그리고 본문을 통한 예전의 명확한 표현은 권력과 합법성의 모델을 규정하는 데 이바지한다는 것이다. 이 본문들이 모종의 다윗(과 그가 지닌 어떤 권력 지각)을 합법화하기도 하고 해제하기도 하는 것처럼 우리의 예전과 그 본문도 모종의 권력을 합법화하기도 하고 해제하기도 한다.

사무엘하 21-24장에 대한 나의 분석이 맞다면 내가 보기에 그 장들은 권력이 취약으로, 충만이 비움으로, 주장이 신의로 변형되는 것을 "예전적으로" 집행하는 것을 시사한다.[19] 대안적 삶의 방식을 제안하고 중재하고 집행

---

19 충만에서 비움으로의 방향 이동은 21-24장에만 적용된다. 5-8장의 이동은 그 방향이 다르다. 즉 그것은 비움에서 충만으로의 방향이다. 소외되고 무시된 어떤 해석의 맥락을 따라 판단하면 5-8장이 더 적절한 본문일 수 있고 예전의 책임을 긴급히 요구하는 데 더 좋은 단서일 수도 있다. 내가 제시한 논의는 21-24장에 의거한 것이고 이 텍스트는 미국 주류 교회의 맥락을 따를 때 역사적으로 "충만한" 본문이지만 나의 판단으로 볼 때 이제는 모자라는 것으로 소환되는 본문이다. 5-8장과 21-24장에서 각각 인준된 "채움"과 "비움"의 상이한 예전적 기능은 Sanders가 명명한 "예언적"(비판적)과 "구성적" 해석학에 상관한다. James A. Sanders,

하는 능력을 통해서 예전은 한나와 다윗처럼 하나님의 자비로 자기를 버리는 대안적 공동체의 방식으로 초대하고 또 자율적이고 자족적인 교만 형태의 권력을 해제하고 비합법화하는 데 이바지한다. 예전은 공동체를 하나님의 권력과 자비에 대한 단순한 신뢰로 되돌려놓도록 기능하려고 한다.

이 서사는 성경이 삶을 재상상하는 방식의 전형이다. 이 서사는 다윗이 재상상되고 있음을 보여준다. 나는 우리의 현대적 상황에서 주요 과업이 권력의 낡은 정형화로부터 벗어나서 새로운 공적 가능성으로 삶을 재상상하는 것이라는 점을 결코 의심할 수 없다.

사람들이 그러한 공적 가능성의 재상상이 어디서 일어나는지를 묻는다면 가장 현실적인 대답은 예전이라는 것이다. 예전은 아무튼 상상 행위이다. 교회는 현존하는 권력 배치의 후견인으로서 현 체제와 동맹 상태에 있기 때문에 예전의 상상적 행동은 이미 존재하는 것을 반복

From Sacred Story to Sacred Text (Philadelphia: Fortress Press, 1987), 67-68.

하고 재생산할 뿐이다.

하나님은 우리가 새롭게 되어 공공 권력에 영향을 미치는 소명으로 부르고 계신다는 의미에서 교회가 바로 이 의미에 활력을 불어넣어 줄 수 있다면 그때는 예전은 기존의 것을 재생산하는 것이 아니라 뭔가 전혀 새로운 것을 생산하는 것이다. 그렇다면 예전은 알려진 것을 되풀이하는 것이 아니라 존재하지 않았던 것을 주장하는 것이다.

나의 판단은 기독교의 예전이 영에 의해 자유로와지고 복음이 불어넣어지면 새로운 것을 생산하는 경향이 있다는 것이다. 물론 이것에 관한 가장 훌륭한 사례는 억압된 공동체에서 발생한다. 거기는 구원과 해방에 대한 하나님의 약속 때문에 예전이 공적 실재의 모든 고정된 인습을 전복하는 일이 일어나는 곳이다.

나는 이러한 논평에서 두 가지 문제를 결합하고 싶다. 하나는 이러한 다섯 서사들이 그러한 상상적 전복 행위라는 것과 다른 하나는 그러한 상상적 전복 행위가 진실로 우리의 시간과 장소에 긴급한 것이라는 것이다.

최근에 일어난 동유럽의 해방에서 교회가 공적 실재의 대안적 상상적 시나리오를 위한 회합 장소로서 결정적 역할을 했다는 점은 교육적으로 깨우쳐주는 바가 있다. 상상적 행위는 지배 활동에서 거대한 권력을 해방하기도 한다. 나는 이러한 서사들이 동일한 의도를 모형화한다고 제안하는 바이다.

나는 이 논점을 계속 추구한다. 왜냐하면 나는 예배하는 미국 주류(또는 전통) 교회가 억세게 자기 자신들로 차서 넘치는 예루살렘의 왕권 체제를 요구하는 다윗의 새로운 허세에 비견될 수 있는 상황에 있다고 믿기 때문이다. 그때처럼 지금도 신의와 존립에 요구되는 것은 실재에 대한 거짓 지각들, 다시 말해서 과도하게 자축하는 거짓 지각들을 포기하는 것이다. 하나님의 영광은 솔로몬의 영광을 거스르는 대립이다. 하나님의 영화는 왕권 주장의 포기를 약속하고 그 약속을 끝까지 잡는 것이다.

그 본문들은 권력을 지닌 사람들, 당연한 것으로 생각되는 절대적 권력을 지닌 사람들을 초청해서 삶을 달리 상상하고 개념화하도록 한다. 즉 절대주의에 대한 권리 주장 없이 삶을 상상하고 개념화 하라는 것이다. 다윗, 솔로몬, 그리고 그 동류가 고대 이스라엘에서 말을 건네받듯이 파생적으로 그 본문들은 당연한 것으로 생각되는 우리의 절대 권력 안에서 우리에게 말을 건네준다.

적어도 네 가지 차원의 포기가 다른 삶의 방식과 신앙으로 되돌아가기 위해 필요하다. 그러한 포기를 껴안을 때마다 우리는 포기 능력이 사실상 변혁의 기적이라는 것을 발견한다. 우리가 상실로 지각했던 것이 해방의 기적으로 판명된다. 그래서 다윗은 왕권 주장을 포기했고 하나님의 보살피는 자비로 해방되었다. 우리의 상황에서 우상 숭배적 자족성을 포기하면 새로운 언약적 인간성으로 해방될 수 있다. 이 차원들은 우리의 상황에서 특별하게 통렬한 것이지만 고대 이스라엘이 절대성과 자족성 주장을 할 때마다 직면한 것과 다르지 않다.

1. **대규모의 군사력**에 의존하는 거짓된 파괴적 신뢰
2. 배반의 경제적 세계를 사는 **과도한 삶의 표준**에 대한 거짓된 파괴적 헌신
3. 정의의 문제를 제거하는 다양한 자아 실현 심리학의 거짓된 파괴적 **자아상**
4. 신의를 낳기보다는 오히려 통제를 향해 일하는 정

치적 도덕적 신학적 **확실성의 개념**에 대한 거짓된 파괴적 규정[20]

언약에 요구되는 포기의 비용은 우리 모두에게 똑같다고 말하지 않는다. 변혁에의 요구는 흑인과 여타 소수 인종보다 백인이, 여성보다 남성이, 시골 권력 형태보다 도시 권력 형태가 더 많이 받는다고 말해진다. 그러나 우리는 모두 왕권 예루살렘의 위험을 반향하는 서

---

20 이 모든 해제의 차원들은 상호 연관되어 있다. 바꾸어 말하면 그것들은 다 함께 자기 중요성의 의미를 비대하게 구현하는 것이며 우리는 모든 것을 불균형하게 공유할 자격이 있다는 이심전심의 말없는 가정을 구현하는 것이다. Kennedy는 "거대 권력"은 최종적으로 자원을 "자연스러운 크기"에 관계하는 만큼의 "자연스러운 공유"로 되가져가야 한다고 제안한다. 다음을 참조. Paul Kennedy, *The Rise and Fall of the Great Powers: Economic Change and Military Conflict from 1500 to 2000* (New York: Random House, 1987), 531-535. 현재 미국 사회가 직면하고 있는 여러 가지 해제들은 군사적, 경제적, 정치적 권력의 견지에서 그리고 이러한 권력 방식을 동반하는 종교적 문화적 자기 지각의 견지에서 "자연스러운 공유"로 복귀하는 과제를 정확하게 대변한다. Kennedy의 논제에 대한 유익한 논평을 위해서 다음을 참조. "Note and Comments," *The New Yorker* (May 8, 1989), 31-32. 나는 "자연스러운 공유"로 복귀하는 우리의 과제가 삼하 21-24장이 크기를 과대 평가하고 공유를 과대 확장한 왕권 이스라엘에게 촉구한 과제와 다르지 않다고 제안하는 바이다.

구 이데올로기의 자식들이다.[21]

나는 해석적 차원에서 "왕권 예루살렘"과 "서구 이데올로기"를 서로 연결시키고 있다. 이러한 해석적 연관은 명백하지 않지만 내가 보기에 공정하고 믿을 수 있는 것이다. 내가 서구 이데올로기로서 의미하는 것은 계몽의 지배적 가치인 자율성, 개인주의, 자족성에 대한 헌신이다. 이러한 헌신은 실증주의의 인식론과 탐욕과 풍요의 경제학의 견지에서 명백하게 드러난다.

그리고 이러한 헌신은 우리의 공동생활의 조직 내부에 깊이 붙박혀 있고 자유주의자이든 보수주의자이든 상관없이 우리 모두에게 영향을 미치고 있다. 나는 이러한

---

21 세상의 "충만한 사람들"에게 현재로서 요구되는 포기의 비용에 대해서 다음을 참조. Marie Augusta Neal, *A Socio-Theology of Letting Go: The Role of a First World Church Facing Third World Peoples* (New York: Paulist Press, 1977); *The Just Demands of the Poor* (New York: Paulist Press, 1987). 나는 여기서 이 평행론을 과도하게 밀어붙이고 싶지 않다. 하지만 다윗을 배출한 군주제 이전의 이스라엘이 제3세계 사람들이었고 이들이 솔로몬 치하에서 "개발도상의" 사람들, 즉 제1세계 사람들과 같은 상당한 존재가 되었다는 주장이 가능할 수 있다. 이러한 치환은 물론 시대에 맞지 않는 것이다. 그렇지만 이렇게 치환하게 되면 삼하 21-24장의 의도와 예전의 잠재력에 관한 나의 논점이 밝히 드러날 수 있다.

가치가 동일한 논리로 다윗을 권력과 안전을 추구하는 길로 유혹했고 그 방식은 거의 다윗을 파괴했고 솔로몬의 치세에 절정에 달했다고 본다.

사무엘하 21-24장의 본문이 저항하는 것은 바로 이러한 유혹의 수렴이다. 그 일련의 연속 본문은 대담한 문학적 성취이다. 그것은 왕권 바로 앞에서 위험한 이야기를 들려주고 위험한 노래를 부르고 있다. 그것은 모든 세대의 왕권 집단에게 충만하다는 것이 무엇일 것 같은지를 상상해 보라고 요구하고 그리하여 우리 자신을 너무 높이 생각하지 말 것을 요구한다(롬 12:3). 그것은 복종을 위해서, 심지어는 죽음의 상태에까지 복종하기 위해서 비워지게 되어버린 군주제를 상상하고 그리하여 궁핍한 사람을 거름더미에서 들어 올리셔서 귀한 이들과 한 자리에 앉게 하시는 그분에 의해서 높아지게 되는 것을 상상한다(빌 2:9-11).[22]

---

[22] Andre Brink의 가슴을 치는 다음 소설을 참조. Andre Brink, *Rumors of Rain* (London: W. H. Allen, 1978), 69-70. Brink는 아프리카인 찰리(Charlie)로 하여금 독일계 아프리카인 마틴(Martin)에게 세상을 얻지만 영혼은 잃는 것에 대해 경고한다.

예전은 진실로 심각하고도 위험스러운 과업이다. 우리는 권력, 통제, 그리고 자족성을 조직화한 삶을 살아가면서 낡은 대안적 기억을 사용하고 또 본향으로 초대되는데 이렇게 살아가는 조직화한 삶에서 예전은 가장 중요한 위치에 있는 것이다.

"'마틴, 네가 잊고 있는 게 한 가지가 있어.'
'그게 뭔데?'
'도덕성.'
'도덕성이 뭔데?'
'양심의 문제지. 나도 당신만큼이나 나쁜 신자일 뿐이야. 하지만 나는 그와 내가 성장했던 버나드의 농장에서 관리인이 우리에게 세상을 얻고 영혼을 잃는 문제에 관련된 성경 본문을 정성껏 읽어주는 것을 사랑했다고 말한 것을 확신하고 있어. 너는 그것이 네가 가야 하고 너의 설명을 찾아야 할 곳이라고 생각하지 않는 거야?'"

브링크는 전도(inversion)를 동기화하고 있다. 한나의 노래와 다윗의 서사에서 그토록 강력했던 전도, 비움으로 끝날지도 모르는 남아프리카의 충만한 사람들을 향한 강력한 고발 말이다. 브링크가 남아프리카에서 논하는 그 상황은 우리 자신의 미국 상황에서 그리 멀지 않다. 미국 상황은 세상을 얻을 정도로 충만하고 아마도 우리의 영혼을 구원할 정도로 비우고 있지 않는 상황일 것이다.

하나님 나라의

권력투쟁

하나님 나라의 관점에서 본
권력 · 섭리 · 성품

POWER, PROVIDENCE
& PERSONALITY
Biblical Insight Into Life and
Ministry

5 권력, 섭리, 그리고 성품에 대한 회고

 이 연구에서 검토된 다윗에 관한 모든 본문에서 서사는 공공 권력에 대한 인습적 개념을 대신하는 낯설고 예술적인 대안을 엮어낸다. 항상 그리고 도처에서 권력의 결과는 진중하게 다루어지고 때로는 찬양을 받기도 하고 때로는 심각한 비판을 받기도 한다. 항상 그리고 도처에서 다윗의 인격과 성품은 찬양을 받고 고양되며 인정을 받고 결코 왜소화되지 않는다. 항상 그리고 도처에서 야웨의 섭리적 목적은 작동하고 있다.

 야웨의 섭리적 목적은 때로는 야웨가 "다윗과 함께" 하시는 때와 같이 완전한 헌신이다. 때로는 그 섭리적 목적은 징계하기 위해서 인구 조사의 "부추김"과 같이 우회하고 은폐되어 있다. 때로는 그 섭리적 목적은 블레셋 군대의 지휘관들이 다윗을 구출하는 일을 하는 때와 같이 야웨가 부재하는 것처럼 보일 정도로 은닉되어 있다.

권력, **섭리**, 그리고 **성품**이라는 이 세 요인은 서로 이상하고도 예측 불가한 관계에 있다. 그러나 어떤 경우라도 다윗과 함께하는 이스라엘의 참된 이야기가 말해지려면 이 세 요인을 고려하지 않고서는 불가능하다는 점은 분명하다.

우리가 지나치게 "관리적" 입장이라면 사회정치적 권력에 주의를 기울이고 자주 섭리와 성품에는 충분히 주목하지 않을 것이다. 우리가 지나치게 경건하거나 또는 경건에 이데올로기적이라면 섭리에만 주의를 기울이고 권력의 의미와 유혹 그리고 인격성의 매혹적인 결정성을 놓칠 것이다. 우리가 지나치게 "치유적"이라면 다윗의 인격에 주의를 기울이고 권력과 섭리에 주목하지 않으려 할 것이다.

이러한 과도성이 어떤 류의 것이든, 다시 말해 관리적인 것이든 경건한 것이든 치유적인 것이든 간에 이러한 것들은 성경 본문, 우리의 이야기, 우리의 삶에 대한 곡

해를 가져온다. 이스라엘은 그 점을 더 잘 안다. 우리도 이러한 이야기에 주의를 기울일 때 이스라엘처럼 잘 알게 된다.

이 이야기들은 어린이를 위한 소소한 경건 연습이 아니다. 그 속에 통상적으로 너그럽게 보아줄 수 있는 것 이상으로 더 대담하고 더 복잡하고 더 위험하고 더 전복적이고 더 변혁적인 이야기에 대해 말할 거리가 있다. 이러한 말할 거리를 통해서, 이 맥 풀린 단조로운 세상에서 그리하여 밀집된 농도, 미묘함, 은닉성을 매우 두려워하는 세상에서 우리가 살아가려고 애쓰는 대부분의 이야기들이 얼마나 얄팍하고 부정직한 것인가가 드러난다.

필경 이 이야기들은 중요하다. 왜냐하면 그것들이 없으면 우리는 면밀히 살피고 상상하고 전복시키는 대안을 찾는 능력을 잃어버리기 때문이다. 그때는 우리는 순응, 절망, 야만성으로 끝나고 만다. 어머니 한나는 순응, 절망, 야만성 그 이상을 알았다. 그녀는 더 잘 노래했고 더 깊이 신뢰했다. 그녀의 삶은 해방된 예배에 맞추어져 있었고 새로운 공개적인 가능성으로 움직였다. 우리는 다윗이 그렇듯 그녀의 후예들이다.

하나님 나라의 권력투쟁
(하나님 나라의 관점에서 본 권력 · 섭리 · 성품)
POWER, PROVIDENCE & PERSONALITY: Biblical Insight Into Life and Ministry

2013년 11월 20일 초판 발행

지은이 | 월터 브루그만
옮긴이 | 류의근

편 집 | 왕희광, 전희정
디자인 | 박희경, 정영운
펴낸곳 | 사)기독교문서선교회
등 록 | 제16-25호(1980. 1. 18)
주 소 | 서울시 서초구 방배로 68
전 화 | 02) 586-8761~3(본사) 031) 942-8761(영업부)
팩 스 | 02) 523-0131(본사) 031) 942-8763(영업부)
홈페이지 | www.clcbook.com
이메일 | clckor@gmail.com
온라인 | 기업은행 073-000308-04-020, 국민은행 043-01-0379-646
예금주: 사)기독교문서선교회

ISBN 978-89-341-1328-7(93230)

* 낙장 · 파본은 교환해 드립니다.

이 도서의 국립중앙도서관 출판시 도서목록(CIP)은
서지정보유통지원시스템 홈페이지(http://seoji.nl.go.kr)와
국가자료공동목록시스템(http://www.nl.go.kr/kolisnet)에서
이용하실 수 있습니다.
(CIP제어번호: CIP2013019818)